日本語教育への
いざない

「日本語を教える」ということ

広島大学大学院教育学研究科
日本語教育学講座 編

はじめに FORWARD

　この本を手にとってくださり、ありがとうございます。みなさんは日本語教育について知っていますか？　国語教育との違いがわかりますか？　この本は、日本語教育に興味があるけれどあまりよく知らないあなたにも、そして、よく知っていて日本語教師になろうとしているあなたにもお役に立てたら、という思いで作られた本です。どこから読めばより楽しんでもらえるか、フローチャートを作ってみました。まずは、やってみてください。

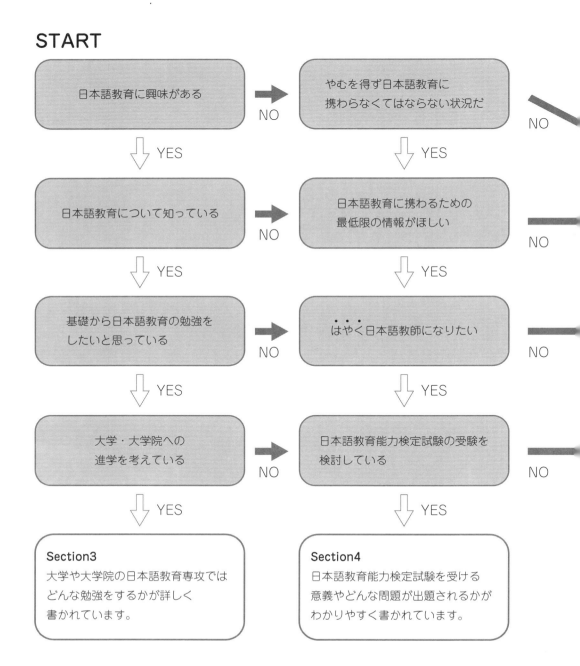

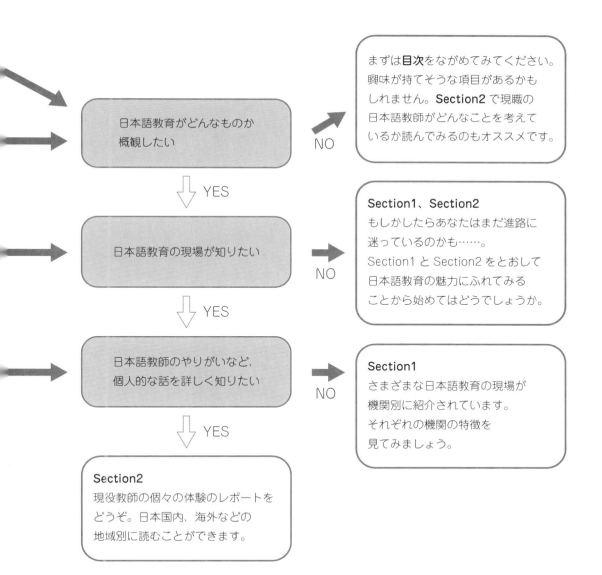

目次 CONTENTS

はじめに …… 2

Section 1 さまざまな日本語教育の現場を知る 〜国内と海外の現場から〜 …… 7

Chapter1 国内の大学での日本語教育
〜理工系大学の事例から〜（佐藤礼子）………………………………… 8

Chapter2 国内の日本語学校での日本語教育
〜進学希望者が多い愛知国際学院の事例から〜（大坂知子）………… 10

Chapter3 地域国際化協会での日本語教育
〜（公財）ひろしま国際センターの事例から〜（犬飼康弘）………… 12

Chapter4 国内の中学・高校での日本語教育
〜明徳義塾高校などの現状をもとに〜（土橋洋平）…………………… 14

Chapter5 台湾の大学での日本語教育
〜職場での即戦力が育つ授業に取り組もう〜（邱學瑾）…………… 16

Chapter6 アメリカの大学での日本語教育
〜高等教育機関での事情を中心に〜（山中恵美）…………………… 18

Chapter7 ドイツの大学での日本語教育
〜日本学専攻の学生に日本語を教える〜（杉原早紀）………………… 20

Chapter8 国際交流基金の派遣
〜海外の日本語教育支援の最前線〜（熊野七絵）…………………… 22

Chapter9 JICA で生かす日本語教育の知識と経験
〜国際協力分野で働く日本語教師〜（橋本優香）…………………… 24

Section2 日本語教育について深く知る ～日本語教師への7つの質問～ ……………… 27

Chapter1 「ことば」と「人」に向き合う
　　　　　～グローバル化する日本国内の大学での日本語教育～（前原かおる） … 28

Chapter2 いろいろな人と出会える仕事
　　　　　～国内の日本語学校～（広田周子） ……………………………………… 36

Chapter3 よりよい自分になること
　　　　　～中国の日本語教育現場～（王志松） …………………………………… 42

Chapter4 人を育てる仕事
　　　　　～韓国で日本語を教える～（李京哲） …………………………………… 48

Chapter5 学生をエンカレッジする仕事
　　　　　～タイの大学で日本語を教える～（松原潤） ………………………… 54

Chapter6 多岐にわたるしごとに取り組む
　　　　　～ニュージーランドでの日本語教育～（西村史子） ………………… 62

Section3 日本語教師になるには ～「通学」や「通信」で学ぶ～（永田良太） ………… 71

Section4 日本語教育能力検定試験を受ける ～出題傾向と受験する意義～ ……………… 87

Chapter1 日本語教育能力検定試験の概要とねらい（細井戸忠延） ……………… 88

Chapter2 社会・文化・地域（有田聡子） ……………………………………… 94

Chapter3 言語と社会（篠﨑大司） …………………………………………… 100

Chapter4 言語と心理（小口悠紀子） ………………………………………… 106

Chapter5 言語と教育（渡部倫子） …………………………………………… 112

Chapter6 言語一般（杉本巧） ………………………………………………… 118

Chapter7 聴解（髙橋恵利子） ………………………………………………… 124

おわりに …… 129
あとがき …… 130

さまざまな日本語教育の現場を知る
～国内と海外の現場から～

　「日本語教師の仕事」と聞いて、どのようなことを想像しますか。日本語を教える？それだけではありません。どこで誰に教えるかによって、日本語教師はいろいろな仕事を行っています。Section1 と Section2 では、国内外の日本語教育機関で活躍しているみなさんに、さまざまな日本語教育の現場について、広く（Section1）、深く（Section2）紹介してもらいます。

　Secion1 では多様な日本語教育の現場について紹介します。国内の日本語教育機関にも、日本語学校、高校、大学など、さまざまな機関があります。また、海外で教えるといっても、国や地域によって日本語教育事情はさまざまに異なります。さらに、いわゆる「学校」以外でも日本語教育は行われていますし、もっと広い視点から日本語教育や多文化共生に関わる仕事もあります。

　Section1 を読むことで、日本語教師の仕事が日本語を教えるだけではないこと、外国人に関わる仕事にもいろいろな現場があることがわかると思います。

Chapter 1

国内の大学での日本語教育
～理工系大学の事例から～

1. 大学での日本語教育

　国内の大学等の高等教育機関で学ぶ外国人留学生の数は、2000年には64,011人でしたが、2010年に141,774人、2017年には267,042人に達しています（JASSO, 2017）。国の留学生政策の影響もあり、留学生は人材育成、国際交流、大学の国際化、教育力や研究力の向上の面で重要な存在として増える傾向にあります。

　大学の日本語教育では、学部や大学院に所属する留学生が主な対象となりますが、専門・日本語能力・学習ニーズはさまざまであり、大学によって多様な内容・レベルの日本語科目があります。日本語能力を高めて専門の学習を支えることが重要ですが、それに加えて日本の文化・社会への理解を深めたり、大学生としてのリテラシーを身につけたりすることも大切です。例えば、レポートの書き方、読解、プレゼンテーションなどのアカデミック・ジャパニーズを学ぶ授業や日本事情科目があります。

　一方で専門科目や研究指導を英語で受ける留学生も増加しています。私の勤務校には約1,600人の留学生がいますが、うち700名ほどが、初級から中級の日本語クラスを受講しています。このような学生は生活上の必要性や周囲の人とのコミュニケーション、日本文化や社会の理解、将来のキャリアのために日本語を学んでいます。また、入学前予備教育として半年から1年間、日本語を学ぶ集中コースや、交換留学生向けの短期日本語コースを設けています。

2. どんな仕事をしているか

　日本語教師には日本語の授業を担当することに加えて、学習者のレベルチェック、カリキュラムやシラバスの設計、時間割作成などの仕事があります。

　入学前予備教育や日本語集中コースのような日本語プログラムをコーディネートする場合は、コースの設計・準備から、担当講師の調整、学習者のケアなどプログラム全体を管理します。週に1～2回の講義タイプの日本語科目と比べて、集中コースでは学習者の日々の日本語の成長を実感でき、達成感も大きいです。

　日本語の授業のほかに、日本語教育の専門家として日本語教授法や日本語学などに関する科目を担当することもあります。学部の初年次教育や教養科目として、アカデミック・ライティング、異文化間コミュニケーション、国際理解などの科目を担当することも増えています。

　授業を担当するほかにも、留学生の専門家として、留学生の修学・生活相談を受けることがあります。日本語教師は学習者の日本語能力の成長だけでなく、人間としての成長にも寄り添う仕事です。留学生と接してきた経験が、学生の問題や悩みの把握や理解に役立つと感じます。新入留学生へのオリエンテーション、文化交流、地域の国際交流団体との連携、学内の国際化に関わることもあります。

　大学教員の仕事の一つとして、研究者として独自の専門領域をもち、研究を行うことも求められます。日本語や日本語教育を学ぶ専門のある大学では専門科目を担当したり学生の研究指導を行ったりすることもあるでしょう。日本語の授業を担当していれば、日本語学習上の困難点や課題など

に出会うチャンスは多いと言えます。日本語教育学に関する領域では、読解などの学習方法、評価方法、学習者の発話の分析、動機づけなどが研究されています。研究成果は最終的には日本語学習者に還元していくことが重要だと考えています。

留学生オリエンテーションの様子

3. 日本語教師として大切にしていること

　私の日本語教師としての出発点は、夕方から開催される地域のボランティア日本語教室でした。そこは仕事を終えた社会人や海外にルーツを持つ子どもが集う場でした。当時の私は未熟でことばを教えることだけに必死でしたが、参加者が自分の国を離れて働いている同じ境遇の仲間に会ってリラックスした表情を見せる様子や困りごとを相談する姿に接するうちに、日本語クラスの「場」としての役割を考えずにはいられませんでした。

　いつも日本語環境で過ごしている留学生も、大学の日本語クラス以外では日本語を話す機会があまりない留学生も、自分たちの専門の学習から離れて日本語クラスに集います。そこでは少しほっとした表情をしている気がします。学部生からは日本人学生と友だちになるのが難しいという話、大学院生からは研究が大変だという話などを聞くことがあり、日本語教師は留学生にとって話しやすい存在と言えます。クラスの仲間である留学生同士で共感し合ったり情報交換したりすることが効果的なことも多いでしょう。

　日本語クラスは日本語能力を高める場であるとともに、留学生同士が集まって価値観を共有できる場、自分の専門分野の学業・研究から離れて気持ちを切り替えて自分を見つめなおす場という役割もあると思います。私は、大学や日本社会への適応をサポートする存在となり、疑問や悩みを話す窓口にもなるよう心掛けています。

　日本語学習者との関わりは、毎回多くの発見があり、教師にとって楽しいものです。その反面、学習者に得るものがある授業にするためには、絶え間なく知識を習得しスキルアップしていくことが重要です。学習者を理解し、ニーズに寄り添えるように幅広い好奇心を持っていること、周りの教員やスタッフと協働する力があること、さまざまな意味での研究心を持っていることが大切だと考えています。

参考文献

独立行政法人日本学生支援機構(JASSO)(2017).
　『平成29年度外国人留学生在籍状況調査結果』https://www.jasso.go.jp/about/statistics/intl_student_e/2017/index.html（2018年6月30日最終閲覧）

（佐藤礼子）
東京工業大学リベラルアーツ研究教育院准教授。最近うれしかったことは、広島からの産直みかんの箱にみかんの木の葉っぱが（乾かないよう包まれて）入っていたこと。ミカンに乗せて島の香りや畑の様子も届いたみたいで感動でした。

国内の日本語学校での日本語教育
～進学希望者が多い愛知国際学院の事例から～

1. 近年の日本語学校事情

　近年、ベトナムの学生が急増して、それまでほぼ漢字圏の学生だった日本語学校を大きく変えました。大学、大学院、専門学校への進学に必要な「日本留学試験」は非漢字圏の学生にとってはかなりのハンデがあります。

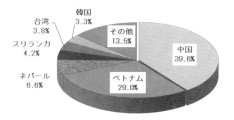

主な出身国・地域別在籍者数の割合（平成29年度）

　非漢字圏の学生の進学先としては大学に代わり専門学校が増え、早い時期に定員を満たして募集を締め切る専門学校が出てきました。

　また、日本語学校の教師の不足は以前にもまして深刻になってきています。

2. 日本語学校での仕事

　ある日本語学校を例に挙げてみます。

　専任講師と呼ばれる正社員は1日4時間の授業を担当しています。1クラス最大20人のクラスを初級1クラス、上級1クラス、計40人を担任として受け持ちます。授業以外の4時間では、非常勤の先生との相談、学生の生活や進学の指導を行います。そのほかに年間を通して行う教務分担があり、進学指導、定期テストの作成などの仕事をしています。

　授業準備や採点は、授業の合間に行ったり、家に持ち帰ったりして行います。秋以降は進学指導がかなりの比重を占め、大学の募集要項を読み、成績証明書や推薦書の発行をしなければなりません。志望理由書の訂正や面接の指導などが担任の仕事という学校も多いようです。

　生活指導は担任の大切な役目です。アルバイト時間が資格外活動許可で定められた1週28時間以内か、ビザの更新や進学に必要な出席率が目安となる95％を保っているか、自宅学習は十分かなどについて指導します。

　新入生の受け入れは4月と10月の年2回の学校と、年4回の学校とがありますが、以下においては、前者の学校を例として紹介します。

4月
＜授業＞新入生の受け入れをしながら新学期スタート。新入生の来日はバラバラで、教材について先生方との打ち合わせも多い時期。
＜進学指導＞進学準備状況について聞く。
5月
＜授業＞6月に控えた日本留学試験の対策と、7月に受ける日本語能力試験（N2・N1）対策とで、授業の時間配分などを検討する。
＜クラス運営＞新入生は入学後はじめての定期テストがあり、成績によってクラスを再編成。年に4回あるテストのたびに、クラスを下げないでほしい、上のクラスに行く自信がないという学生と話して、調整をする。
6月
＜授業＞日本留学試験が終わると、日本語能力試験まで残り1カ月。初級の学生も慣れてくるころ。
7月
＜進学指導＞夏休みに、卒業クラスの進学相談を

1対1で実施。中国の3年制大学卒業の学生の場合、編入学や研究生を目指すが、資格審査が必要なことが多い。大学志望の学生は第3希望まで決める。入学手続きや滑り止めという概念のない学生には、丁寧な説明が必要。

8月
<夏季休暇> 定期テストの問題作成や卒業式の準備などで休暇中も思いのほか忙しい。
<事務> 入国管理局に申請していた10月生の許可数が発表される。許可数が少なければ、急きょ、クラス数を減らすこともある。

9月
<進学指導> 夏休み中に作成した進学書類の確認、大学への問い合わせ、大学院志望者の研究計画書作成の補助などの仕事に追われる。
<教務分担> 中旬以降、10月生の受け入れ開始。

10月
<授業> 4月入学生が中級に入る。
<授業> 第2回の日本留学試験の追い込み。
<教務分担> 新入生の受け入れをしながら授業。

11月
<進学指導> 大学の出願が増える（東京は夏）。日本留学試験の1カ月後には、また日本語能力試験。

12月
<進学指導> 大学受験の過去問題や小論文、個別の面接対策が集中する。

1月
<教務分担> 卒業式の準備が本格化。

2月
<授業> 大学受験も最終段階。1度、2度、不合格になった学生が最後の受験に臨む。その一方で進学先の決定した学生が、モチベーションを維持して授業を受けられるように配慮。

3月
<クラス> 卒業式で、学生を送りだす。
<教務分担> 1年間のまとめの資料を作成し、新学期の準備をする。

　上記のほかに、学生を楽しませる行事も1年を通して行われます。例えば、花見、社会見学、遠足、七夕、浴衣体験、抹茶、生け花などです。

3. 日本語学校の教師になってよかったこと・大変なこと

　知識をどんどん吸収する学生を見ていられるのが楽しいです。教室活動で学生が目を輝かせてくれたり、「先生のおかげ」という文を見つけたり、毎日がキラキラにあふれています。また、試験で高得点をとった学生、合格した学生と一緒に喜びの声をあげる瞬間に、この仕事についてよかったと思います。

　学生は高校卒業以上の大人で、異なる文化に触れ、思いもよらない意見を聞くチャンスも多く、楽しいです。卒業までの1年6カ月間か2年間、深い人間関係が築けるのも大きな魅力です。

　仕事量は多く、授業と教務分担と進学指導が重なる時期は大変ですが、3年働けば慣れる部分も多く、やりがいのある仕事です。

　最後に、日本語教師を目指す人に「日本語学校にも3年」とエールを送りたいと思います。

（大坂知子）
愛知国際学院教務主任。野球は広島カープ、お酒はクラフトビールが好きです。かわいいキャラクターのペンケースを使っていたら、学生に「お子さんのですか？」と聞かれてしまいました。

地域国際化協会での日本語教育
～(公財)ひろしま国際センターの事例から～

1. 地域国際化協会の変遷

　1989年、自治省（現総務省）により「地域国際交流推進大綱の策定に関する指針」が示されました。この指針に基づき、総務省は、県等が作成した「地域国際交流推進大綱」に位置づけられ、地域の国際交流を推進するにふさわしい中核的民間国際交流組織を「地域国際化協会」として認定しています。地域国際化協会は、2018年現在、全国に62機関あり、私が所属する（公財）ひろしま国際センター（HIC）も、1990年に自治省（当時）により認定された、地域国際化協会の一つです。

　各自治体の国際化施策は、経済状況や社会情勢の変化にともない、1980年代後半の「国際交流」、1990年代の「国際協力」、2000年代以降の「多文化共生」と、その焦点を移しつつ発展し（北脇, 2013）、その時々に応じて地域国際化協会も役割を変えてきました。

2. 地域国際化協会の業務

　地域国際化協会での日本語教育の取り組みは多様ですが、HICでは、他の地域国際化協会同様、いわゆる地域日本語教育や多文化共生に関連した事業のほか、広島県、企業、国内外の大学等、さまざまな機関からの依頼に基づく日本語教育を行っています。

　まず、「日本語を教える」ことに関連する業務について触れたいと思います。HICでは、留学生が大学院等で研究活動を行うのに必要な日本語を習得するための研修や、ノンネイティブ日本語教師を対象とした教師研修、海外の大学等で日本語や日本文化を学んでいる学生に対する短期訪日プログラム等、さまざまな研修を実施しています。これらは、半年以上の長期にわたるものもあれば、数時間という短時間で終了するものもあり、期間・時間数・対象者・内容は多種多様です。

　日本語講師はこれらの授業を担当するだけでなく、教材作成はもちろん、必要に応じて、ニーズやレディネスの分析、シラバス・カリキュラム作成、各コースの到達目標の設定や評価方法の検討等、いわゆるコースデザインにも関わります。また、各研修終了後の成果と課題の検証や、今後に向けての改善策の検討も重要な業務です。

　日本語を教えることに関連する業務以外にも、さまざまな仕事があります。その一例が、先に触れた「多文化共生」や「地域日本語教育」に関連した業務です。HICの日本語講師は、業務として地域日本語教育活動に直接関わっているわけではありません。しかし、県内の市や町の要望を受け、地域の実情に応じた研修会を開催する等、間接的な支援を行っています。また、広島県では、2008年度に県内の全市町に外国人相談窓口担当課が設置され、各市町における多文化共生の取り組みが促進され、市町等の担当職員の知識や企画能力の向上を図るための研修が実施されています（総務省, 2017）。HICの日本語講師は、これらの研修の実施あるいは実施補助も業務の一環として行っています。日本語を教えるだけでなく、地域の課題に関わる機会が多くなることも、地域国際化協会の特徴の一つと言えるかもしれません。

3. 地域国際化協会で働く意義

　このように地域国際化協会で「日本語教育」に関わっていく上で重要なことはたくさんありますが、個人的には、「想像力」と「創造力」が大

切なのではないかと考えています。

　先に触れたとおり、HICでの日本語研修の中には、短期間で終わってしまうものも少なくありません。そのような状況でも有意義な研修にしていくには、何をすれば学習者の今後につながっていくのかをイメージしながらコースデザインをしなければなりません。地域においても同様で、その地域にどのような課題があるのかをふまえ、あるべき地域の姿をイメージしながら、適切な支援ができるよう考えています。

　学習者や地域で生活する外国人市民に寄り添い、よりよい方向性を導き出していく上で、「想像力」は欠かせない要素だと考えています。

　そして、「創造力」は、文字どおりイメージしたものを形にしていく力です。これは、教材や教具、あるいは授業手法の開発だけでなく、「日本語学習の場」や「地域住民が外国人市民と接する場」を作ることも含まれます。

　よい「場」ができると、私たちの想像を超える「学び」が起こります。そして、それが種となり、数年後に花として咲くこともあります。「今、留学で日本に来ています」「日本企業に就職しました」等、彼らの頑張る姿、うれしい報告が、私たちの力になっていると感じます。

　地域国際化協会は、それぞれの地域によってさまざまな特性を持っています。そして、職業として関わる以外にも、国際交流イベントでのボランティアやホストファミリー等、さまざまな関わり方ができる機関でもあります。興味のある人は、ぜひ、身近にある地域国際化協会を訪ねてみてほしいと思います。

「ひろしま国際プラザ」の外観

参考文献

北脇保之(2013).「自治体国際化施策の変遷と多文化共生の現状と課題〜自治体外国人施策担当者のために〜」『国際文化研修』81, pp.22-27. 全国市町村国際文化研修所.

総務省(2017).『多文化共生事例集2017〜共に拓く地域の未来〜』pp.133-134. 総務省.

（犬飼康弘）

（公財）ひろしま国際センター研修部日本語常勤講師。体を動かすことが好きで、毎日の体幹トレーニングと野菜ジュースを欠かさない。愛知県出身のドラゴンズファン。カメラ片手に散歩やドライブをすることが、休日の楽しみの一つ。

国内の中学・高校での日本語教育
～明徳義塾高校などの現状をもとに～

1. 国内の中学校・高等学校における日本語教育の現状

　近年、日本の中学校や高校で勉強している海外ルーツの子どもたちは増加しています。2016年の文部科学省調査によれば、公立の中学・高校だけで 12,179 人の日本語指導が必要な生徒がおり、私立も含めれば、その数はさらに多いと思われます（文部科学省, 2016）。

　具体的には、①高校（中学）入学時から、日本で勉強し、日本での進学を目的として来日した外国籍の生徒、②進学や両親の仕事の都合を契機にして、日本へ戻ってきた帰国子女生徒や、国際家庭出身生徒、この 2 種類の生徒がいます。そして、グローバル化が進む現代社会の中で、どちらの生徒も増えており、入学時点の日本語力も個々の生徒によりまったく異なるという状況があります。

　学校での日本語の授業形態は各学校の状況により、クラス一斉授業の形や、取り出し授業の形や、指導員が教科の授業に入り込む形など、さまざまな形を取ります。取り出し授業も、生徒が複数の場合には、それぞれに別の課題を課さなければならないときもあります。

　クラス一斉授業を行うためには、日本語が同等レベルの生徒がある程度の人数存在することが条件ですが、それができる学校は、2018 年現在では、ごく一部にとどまると思われます。

　取り出し授業とは、国語科や社会科など、ある程度の日本語レベルを必要とする授業のときに、別教室でその生徒が必要とする日本語指導を行うことです。多くの学校では、この方法で日本語指導が行われていますが、日本語教育の知識がない教員が手探りで指導をしていたり、複数のクラスから、さまざまな日本語レベル、意欲の程度もさまざまな生徒が同じ時間に集まってくるなど、理想的な状況で指導が行われているとは言えません。

2. 日本語教師の仕事

　教師である以上、まずは日本語指導がきちんとできることが、生徒からも学校からも求められます。特に、取り出し授業で対応している学校で勤務する場合は、個々の生徒の日本語能力を見極め、個別にどのレベルの、どの分野を教えるか、ということを判断していかなければなりません。

　また、取り出し授業形式で指導を行うときには、生徒の学習意欲が授業効果に大きく影響します。学習意欲が低い生徒自身が上達しないのはもちろんですが、その生徒が他の生徒を邪魔したり、教師を独り占めしようとしたりすると、他の生徒の学習にも影響が出ます。

　取り出し授業を行う教師には、豊富な経験、個人的魅力、さまざまなアプローチで教えていくことができる発想力が求められるように思います。

　ほかにも、①生徒たちの心理的なサポートや、②日本人生徒など、他の生徒との交流のきっかけ作りや、③担任教員や、教科指導教員との橋渡しなどの役割も期待されています。

　①については、中高生は思春期で、精神的に未熟であるとともに、さまざまな発達段階に特有の課題に直面しています。それに加えて、日本語指導が必要な生徒は、慣れない環境で、言語の不自由を常に感じながら、学校生活を送っています。生徒たちは「日本語の時間」に、日本語の習得だけでなく、「安心感のある時間」を求めています。日本語教師は生徒が安心して勉強できるように、教室の雰囲気に留意したり、ときには生徒の悩み

を聞いたりして、必要であれば具体的な行動をとることも求められます。

②について、結局のところ、語学を学ぶ動機は、そのことばを学ぶことによって、そのことばで他の人と交流することにあります。他の人と目標言語で交流したいという思いは、何よりも強い学習動機となります。しかし、特に日本の生徒は、内向きのグループで固まってしまう傾向があり、ここに外から入っていくことは、誰にでもできることではありません。そこで、教師がきっかけを見つけて、お互いの生徒に働きかけ、交流が生まれるように導くことも非常に重要です。

③は、日本語教室の範囲内では解決できないことについて、他の教職員に依頼をしたり、協力を要請したりすることです。生徒がホームルームクラスのことや、他の教科の授業で問題を抱えている場合には、日本語教師も他の教職員と連携することが求められます。

高1クラスの集合写真

3. 中学・高校で日本語を教える人に向けて

ここまで書いたことは、あくまでも理想の教師像であり、私も含め、多くの現場の教員は、試行錯誤の毎日です。まずは、個々の生徒と向き合い、その生徒にとってよいと思われることを日々考えながら、実行に移していくことが大切なのではないかと思います。

中学・高校の日本語教育は、体系化されていない部分が多く、まだまだ発展途上ですが、逆に言えば、熱意のある教師のアイデアが生かせる部分が大いにあり、やりがいのある場所であるとも言えます。日本語教師を目指す人には、ぜひ考えてほしい選択肢です。

就職希望の人は、公立であれば、自治体の教育委員会に問い合わせをし、私立であれば、各学校のサイトや、私学合同の採用情報サイトを閲覧するなどして、情報を集めてください。なお、国語や英語などの教員免許を持っている人が、採用時には圧倒的に有利であることを付け加えておきます。

参考文献

文部科学省 (2016).『日本語指導が必要な児童生徒の受入状況等に関する調査』「表1　日本語指導が必要な児童生徒の学校種別在籍状況」https://www.e-stat.go.jp

(土橋洋平)
明徳義塾中学・高等学校日本語科教諭。最近の楽しみは、留学生の生徒やカナダ出身の英語の先生と囲碁を打つこと。2013年に高知県に来ましたが、よかったことは、魚がさばけるようになったこと、蛍の大乱舞を見たことです！！

台湾の大学での日本語教育
～職場での即戦力が育つ授業に取り組もう～

1. 台湾の日本語教育事情

　台湾は面積が日本の九州ほどの大きさで、人口は約2,300万人です。歴史的背景と地理的位置により、経済や文化などあらゆる分野で日本との交流が盛んに行われています。日本に関心を寄せる台湾人が多く、台湾における日本語教育の発展を後押ししています。

　国際交流基金（2016）の調査結果によると、台湾の教育機関で日本語を学ぶ学習者は約22万人で、日本語教師は3,877人です。

　日本語専攻課程が設けられている教育機関は、大学（計158校）に47校、高校（計506校）に38校あります。また、修士課程（17校）と博士課程（1校）も設けられており、高度な日本語人材を育成しています。

　第二外国語としての日本語課程は9割の大学で開講されています。高校の第二外国語学習者は半分以上が日本語を履修しています。小・中学校においては日本語教育の導入が限られていますが、国際教育の一環として設けられた異文化理解活動を通して日本語や日本文化に触れる機会があります。全体として、学習者の年齢層が下がり、学習ニーズの多様性がうかがえます。

　しかしながら、教育機関における日本語学習者数は2009年に24.7万人のピークを迎えた後、減少傾向が見られます。その主な原因は急速に進む少子化であると考えられています。また、近年のいわゆる「韓流」の影響で韓国語学習者が増えていることもその一因です。それに加え、2016年に始まった「新南向政策」の推進を支えるために、東南アジアの諸言語ができる人材の育成が奨励されています。こうした外国語学習ブームの変化も日本語学習者の減少に影響を及ぼしていると言えるでしょう。

　これらの外部環境の変化に対応するため、各大学の日本語学科は、特色のあるカリキュラム作りを行っています。例えば、技術系大学の応用日本語学科の入学生は高校から日本語を専攻しており、大学入学時点ですでに初級～中上級程度の日本語力を有しています。そのため、日本語以外のもう一つの専門を身につけさせるようにカリキュラムが工夫されています。私の所属する応用日本語学科では、日本語・英語・商学の3領域を統合したカリキュラムが作られており、経済学や国際貿易などのビジネス科目を必修科目として、国際的行動力を備えた対日のビジネス人材を育成しています。

2. 日本語教師の仕事

　日本語教師の主な仕事は、日本語の授業を担当することですが、学習者の学習動機を高めるために、茶道や着物の着付けなどの日本文化にまつわる活動も行われています。教師にはそれらの活動を企画・運営することが求められます。

　また、教育機関に勤める場合、日本語スピーチコンテストやディベートなど、各種のコンテストに参加する学生を指導するのも仕事の一環です。さらに、少子化の問題で、各学校は優れた学生を確保するために、さまざまな方策を採っています。例えば、高校生を対象にした日本語学習キャンプなどです。その企画および実施も日本語教師の仕事です。

　大学に勤める教員には、上述した教育、課外活動の指導のほかに、研究業績も求められており、どの大学も競争型プロジェクトや論文発表などの業績を重んじています。

実務的な学習を重視する技術系大学の場合、企業でのインターンも導入されています。そのため、インターン先の開拓、海外実習の引率なども教員の協力が必要です。それに加え、産学連携も重要な業績とされています。

通訳の練習をしている学生たち

3．日本語教師に求められるもの

　台湾で日本語教師として教鞭をとる場合、日本語学校に勤めるには大学を卒業していることが基本条件です。中等教育機関は教員免許が必須です。大学の専任になるには修士号の取得が最低条件ですが、博士号を取得していることが望まれます。

　ただし、技術系大学の専任教師資格に関しては、2015年から新しい法律が施行され、教師の専門に関連する仕事の経験が1年以上求められるようになっています。さらに、教師に産業の発展動向を把握させるため、2016年より6年ごとに6カ月の企業研修が義務づけられています。

　また、ほとんどの大学では、着任してから6年〜8年の期間内に昇進しなければならないという決まりが設けられています。そのため、大学教員を目指す場合には、研究力も問われることになります。

　IT技術の革新により、学習者の学習形態は変化しています。学習者に学習意欲を持続させ、効率よく授業を行うためにさまざまな新たな試みが教育現場で行われています。例えば、問題解決能力の向上や学習の深化を図って行われるProblem Based LearningもしくはProject-Based Learningが挙げられます。教材作成に関しても、学習者がいつでもどこでも一人で楽しく学習できるよう、さまざまなイノベーションが行われています。日本語教育現場においても、メディアやIT技術を生かしたユニークな授業ができるよう、日本語教師の教育力が期待されています。

参考文献

国際交流基金 (2016). https://www.jpf.go.jp/j/project/japanese/survey/area/country/2016/taiwan.html

(邱學瑾)

台中科技大学応用日語系教授。2015年8月より言語学長を兼任。教育部教学実践研究プロジェクトの社会科学分野コーディネーター、大学評価の外部評価委員も担当。家族と庭の草花をいじってお茶を楽しむのが何よりのリラックスタイムです。

アメリカの大学での日本語教育
～高等教育機関での事情を中心に～

1. アメリカの日本語教育事情

アメリカの日本語学習者数は約17万人、教育機関数は1,400に及びます（2015年国際交流基金調べ）。学習者数は2006年に初中等教育機関を中心にいったん減ったものの上昇しています。

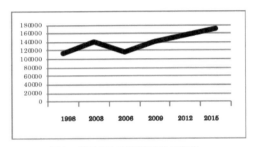

図1：米国の日本語学習者数の推移

学習動機は、日本研究、ビジネス目的に限らず実にさまざまです。幼少時に日本のポピュラー文化に触れたことが、最初の学習のきっかけになっていることも多く見受けられます。2006年にはAP (Advanced placement) 日本語が開始、2012年には大学関係者と中等教育関係者が合併する形でAATJ (American Association of Teachers of Japanese) が再編され、日本語教育における、中等教育と高等教育の連携は年々強まっています。AATJはACTFLにも加盟しており、年2回の学会など米国の日本語教育推進活動を行っています。また、地方ごとにも日本語教育の学会組織があり、各地の領事館、国際交流基金等も、教師間の連携、情報交換を支えています。

大学には州立、私立、そして総合大学、リベラルアーツ系の小・中規模の大学、コミュニティーカレッジなどがあり、カリキュラムも多様です。多くの大学は秋と春学期のセメスター制、または秋、冬、春のクォーター制で、夏には1年分の内容を一気にカバーする集中講座が設けられているところも多く見られます。

大学の外国語コースは週に50~60分ずつ3～5回（ときにはそれ以上）ある場合が多いです。1クラスの人数は一様ではありませんが、5～30人程度と言えるでしょう。大規模な大学では講義を一括して行い、小さいセクションに分かれて練習するという形態をとっているところもあります。大学によっては日本語コース数もさまざまなので、近隣の他大学で勉強を続けられるように単位交換ができる協定を結んでいる場合もあります。また留学プログラムを通じて、日本に夏期、1学期、通年など留学する学生もいます。上級まで日本語を勉強する学生の中には、日本研究に限らず、法律、科学、ビジネスなどの専門職で必要な高度な日本語を学ぼうとする人も多くいます（野田, 2014）。

2. アメリカの大学で教える

講師が教える時間数は大学によって違い、一つのセクションやコースを複数の講師や教授のチームで教える所もあれば、そうでない所もあります。そして、一人の日本語講師でプログラムすべてを運営している大学も、講師が大勢いる大学もあります。クラスは言語レベル別なので、学年、専攻、出身や母語もさまざまな学生が混ざることになります。

私は現在、東海岸ボストンにある私立総合大学で日本語プログラムの主任を務めています。プログラムは比較的大きいほうで、2018年秋学期現在約350名の日本語受講者がおり、初級コー

スに加え、さまざまなコンテントベースの中上級コースや特化スキルのコースもあります。日本語の専攻・副専攻もあり、日本での留学プログラムは2校と提携しています。大学では数多くの外国語が教えられていますが、他言語を教える教師とも抱えている課題は共通していることが多いため、定期的に情報交換をするなど、学内でも教師が学び合う努力をしています。違う専門の先生との学際的な連携も奨励されています。また、文化行事や、日本から当校へ短期・長期留学している学生とのコラボレーションなども行っています。忙しい毎日ですが、学生が成長していくのを見たり、どうすればもっとよい方法で教えられるか日々考えることは、教育の楽しみでもあります。

3. アメリカの大学で日本語教師を目指す人へ

アメリカの大学で日本語を専任講師として教えるには、関連分野の博士、少なくとも修士の学位が必要です。多くの人は大学院で学びながらティーチングアシスタント（TA）をしたり、夏の日本語プログラムで教えるなどして教育経験を積みます。大学は、知識、経験、ビジョンがある人、チームプレイヤーでテクノロジーにも明るく、イノベーティブな人を求めています。教える能力はもちろん、実践研究も大切です。募集要項はAATJのウェブサイトなどで見ることができます。

移民の国アメリカは、現在も外国生まれの人だけで人口の13％程度を占めています（US Census, 2016）。アメリカといっても広いですが、特に都市部では実に多くの国から来た人に会うこ

とができ、それをきっかけに世界のいろいろなことを学べます。それに関連し、第二言語習得、継承語教育などをはじめとした言語研究の歴史は長く大規模です。このように言語習得研究が豊富で身近だという点も研究者としては魅力であるように思います。

参考文献

国際交流基金「2015年度日本語教育機関調査」 https://www.jpf.go.jp/j/project/japanese/survey/result/

野田眞理 (2014).「アメリカの高等教育機関における日本語教育」https://www.aatj.org/resources/publications/book/HigherEd_Noda.pdf

MLA Language Map, Modern Language Association, https://apps.mla.org/map_main

US Census "Current Population Survey 2016" https://www.census.gov/data/tables/2016/demo/foreign-born/cps-2016.html

（山中恵美）
ボストン大学 Dept. of World Languages and Literatures 日本語部主任。趣味は音楽。よくピアノを弾きます。最近バイオリンにも挑戦しましたが挫折。家族は私の騒音から逃れることができました。

Chapter 7 ドイツの大学での日本語教育
～日本学専攻の学生に日本語を教える～

1. ドイツの日本語教育事情

　ドイツの日本語学習者は多様で、大学、中等教育、一般成人教育、企業内研修、継承語教育などさまざまな形で日本語教育が行われています。2015年の国際交流基金の調査によると学習者は全国で13,000人程度となっています。その約半数が大学を中心とした高等教育機関で学んでおり、中等教育の日本語教員を養成する課程を持つ大学もあります。次に多いのが公的生涯教育機関「市民大学」などで学ぶ一般成人学習者です。学習動機としてはポップカルチャーをはじめ日本文化全般への関心がよく挙げられます。学習者数は日本経済が停滞した時期にも減少せずに推移しており、日本語能力試験（JLPT）の受験者も全国で年間2,000人を超えています。ヨーロッパでは複言語主義の理念に基づく外国語教育政策がとられていますが、日本語学習者の中にも英語や他の欧州言語など複数の外国語学習経験をすでに持っている人が多く、自身が複言語環境に生きている人も珍しくありません。

　ドイツでの日本語教育は大学の日本研究とともに始まり、1914年ハンブルク大学（当時は植民地研究所）にドイツ最古の日本学講座が創設された当時は、文学研究の基盤として読解力養成が中心でした。100周年を超えた現在では文学、宗教学、政治社会学まで研究領域が広がり、日本語コースでも実践指向の教育活動が行われています。ヨーロッパでは、国を越えて高等教育の制度と質を同レベルに整備することを目指す、いわゆるボローニャ・プロセスによる大学改革が行われていますが、ハンブルク大学でも4年間を基本修業年限と定めた学士課程が2007年に導入されました。修士課程を含めて現在200名強の学生が主専攻または副専攻として日本学を学んでいます。主専攻の学生は日本留学が卒業の必須要件であるため、日本語コースも3年次の留学を前提に構成され、1・2年次は必修授業が毎日行われます。3年次以降はテーマ・技能別に重点を置いた授業となり、専門研究や将来の職業活動を視野に入れた文献講読、プレゼンテーション、翻訳、文語、さらに変体仮名を中心にくずし字を読むコースなども開講されています。春休みや夏休みには学生でなくても受講できる日本語集中コースも開講され、一般の人の日本語への関心にも応えています。2週間で教育漢字1,006字を学ぶというユニークな漢字集中コースも開講していますが、大学外部からも参加者があり、漢字への関心の高さがうかがわれます。

ハンブルク大学日本学科の校舎ロビー

2. 日本語教師の担当業務

　日本語コースの運営の中心は常勤講師2名で、規定のカリキュラムの中で学生のニーズを満たし、それぞれのアイデアが生かせるよう力を尽くしています。さまざまなプロジェクトを実施する機会もあり、日本語演劇の上演、地域の日本映画祭とコラボレートして、日本映画の字幕翻訳など

を実施してきました。

　また、日本の協定校との交換留学や交流を遂行するための連絡も重要な担当業務です。ハンブルク大学の協定校は12校（2018年現在）で、派遣留学生を学内選考して各校に送り出す一方、協定校からも日本人留学生を受け入れています。日本語教師が中心となって、手続きや学業に関わる相談など双方の学生のサポートをしています。また、協定校と研究や後進育成のための共同プロジェクトなどが行われることもあり、学術面での交流にも加わっています。毎年8月には、日本・台湾・韓国の協定校からドイツ語学習者を迎えてドイツ語サマースクールが実施されます。この期間中は日本人学生のために、ドイツ語およびドイツ事情の学習をサポートする授業を日本語で行っています。

　その他、国際交流基金とも協力して事業を行っており、2009年に日本語能力試験（JLPT）の開催校となってからはより緊密に連携を図っています。また、現地在住の邦人ともいろいろな交流の機会があり、大学での日本語教育や日本関連行事では学生の日本語学習に支援を仰ぐこともあります。

　このようにドイツにおける日本関連の交流の窓口、ならびに日独の大学交流活動の接点としての業務は多岐にわたっています。ドイツ、そしてヨーロッパでは、教師会等もさまざまに組織されており、学会や研修など自己研鑽の機会にも恵まれています。

3. 日本語教師を目指す人へ

　私が日本語教師への道を歩みだしたのは遅く、ドイツ語ドイツ文学専攻で修士課程を修了して一般企業に勤務した後です。回り道のようでしたが、学部や大学院でドイツ語を専門的に勉強し、社会人としての経験をしたことは、日本語教師としての今の仕事にむしろプラスになっていることが多いと感じています。これから日本語教師を目指す人にも、どんな経験や知識でも将来教壇に立つ自分の糧になることを信じて、さまざまな可能性にチャレンジすることを強く薦めます。ヨーロッパでは、国境を越えた移動や交流が進み、大学教育もその変化に対応していこうとしています。一方で、伝統を重んじる傾向も残っていて、教育内容やカリキュラムなどは各国・各大学の独自性を反映していることが多く、日本語教師に求められる資質も多様です。幅広いバックグラウンドを持つ人材が活躍できるチャンスがこれからも増えていくでしょう。

　それぞれの目的や動機に応じて学ぶ学習者を見ていると、自ら気づきや学びを得て育っていくように感じられることが多くあります。そのような機会を、教室内外のさまざまな場で提供し、必要に応じて指針や助言を与えられるよきサポート役であることが、これからの日本語教師にはますます求められていくのではないかと思います。与えられた環境の中で、一人ひとりの学びへの支援を行い、学習者とともに成長し、喜びを分かち合っていける教師として活躍する人が増えることを願ってやみません。

（杉原早紀）
ハンブルク大学アジア・アフリカ研究所日本学科専任講師。最近土いじりを始めました。試しに植えたヒマワリが3m近くに育ったのが唯一の成功体験。ナメクジに悩まされながら、少しずつ自然と仲よくなろうと思っています。

国際交流基金の派遣
～海外の日本語教育支援の最前線～

1. 国際交流基金の派遣いろいろ

　私が所属している独立行政法人国際交流基金は、国際文化交流事業を総合的に行う公的機関として、「文化（文化芸術交流）」「言語（日本語教育）」「対話（日本研究・知的交流）」の三つの場での交流事業を実施しています。海外の人たちに日本語を知ってもらうことは、日本への親しみや友情を広げる大きなきっかけになります。そこで、国際交流基金では世界中のもっと多くの人に日本語を学んでもらえるよう、教材の開発や日本語能力試験の実施、日本語教師の研修、専門家の派遣などを行っています。

　私は 2001 年から国際交流基金関西国際センターの日本語教育専門員として、仕事のために日本語が必要な外交官、研究者などに対する専門日本語研修、海外で日本語を学ぶ大学生や高校生の学習奨励のための日本語学習者訪日研修などの日本語研修、そして、研修での経験をもとにした教材の開発やWeb サイト、オンラインコース等の e ラーニングの開発を行っています。

　国際交流基金からの海外派遣経験としては、1994 ～ 1995 年に国際交流基金とローラシアン協会が実施したJALEX プログラムで米国の中等教育機関に派遣され、日本語アシスタント教師として教えたほか、2004 ～ 2006 年に国際交流基金バンコク日本文化センター、2010 ～ 2013 年に国際交流基金マドリード日本文化センターに日本語上級専門家として派遣され、現地の日本語教育支援を行いました。

　ここでは、国際交流基金ではどんな海外派遣があるのかを中心に紹介したいと思います。

表1：国際交流基金の海外派遣と応募条件

	日本語パートナーズ	米国若手日本語教員	EPA日本語講師	日本語指導助手	日本語専門家	日本語上級専門家
年齢	20-69歳	35歳未満	65歳未満	35歳未満	65歳未満	65歳未満
学歴	派遣国・地域により異なる	大卒以上	大卒以上	大卒以上	日本語教育関連分野で修士号以上	日本語教育関連分野で修士号以上
日本語教育学習歴	不問	(a),(b),(c)のいずれか ※1	(a),(b),(c)のいずれか ※1	(a),(b),(c)のいずれか ※1	日本語教育関連分野で修士号以上	日本語教育関連分野で修士号以上
日本語教授経験	不問	望ましい ※2	望ましい ※2	望ましい ※2	2年以上	10年以上
派遣期間	1年未満	通常2年	約7か月	通常2年	通常2年（1年の延長の可能性あり）	通常2年（1年の延長の可能性あり）
派遣国・地域	東南アジア及び台湾	米国	インドネシア、フィリピン	海外（募集年により国は異なる）	海外（募集年により国は異なる）	海外（募集年により国は異なる）

※1:(a) 大学で日本語教育を主専攻／副専攻として修了した者、(b) 日本語教育能力検定試験に合格した者、(c) 日本語教師養成講座420単位時間を修了した者
※2: 日本語教授経験については不問ながら、ティーチングアシスタントやチューターも含め経験があることが望ましい。
出典：国際交流基金 HP「世界で日本語を教えよう！」
http://www.jpf.go.jp/j/project/japanese/teacher/teacher_top.html

　表1に示したように、国際交流基金では、日本語教授経験のまったくない人でも応募できる「日本語パートナーズ」から、日本語教師の基本的な資格があれば応募可能で、海外の日本語教育現場での経験が積める「EPA 日本語講師」「米国若手日本語教員（J-LEAP）」「日本語指導助手」、世界各地の国際交流基金の拠点や中核的な日本語教育機関においてカリキュラムや教材作成の助言や現地教師の育成等を行う「日本語専門家」「日本語上級専門家」まで、幅広い海外派遣を行っています。それぞれの日本語教育経験や専門性に応じて、世界各国の現場の日本語教育を支援することができます。

2. 国際交流基金の派遣の仕事

　では、次に海外派遣の仕事について、私の経験を例に紹介します。

はじめての海外派遣は大学在学中の参加でした。派遣先の米国の高校の教科書は英語での解説と日本語はローマ字だけだったので、かなや漢字の教材や活動シートを手作りしては教える日々でした。レベルが異なる3学年合同クラスも担当し、悪戦苦闘しましたが、生徒たちが日本語を楽しんで学んでくれるのが励みでした。内容中心教育、遠隔授業、学習障害児対応など新しい教育のあり方を経験することもできました。また、派遣の同期80名と、情報交換し合い、それぞれの現場のチームティーチングの状況を集めて報告書を作成したりもしました。

次の派遣先の国際交流基金バンコク日本文化センターでは、一般向けの日本語講座の運営、現地の教師のための研修や教材制作などの仕事をしました。タイの日本語教育は、中等教育、高等教育ともにバランスよく発展していましたが、当時課題となっていた中級レベルの教え方などについて、日本語講座、教師研修の双方で取り組めたこと、また、私自身もタイ語を覚え、拠点の現地講師や現地の高校の先生方とざっくばらんに話せるようになり、現地の声を聞きながら、中等教育向けのひらがな連想法教材や語彙帳などを作成したことが印象に残っています。

国際交流基金マドリード日本文化センターは、私が初代の上級専門家だったため、立ち上げの仕事でした。スペイン日本語教師会も同じ年にできたところだったため、教師会と二人三脚でスペインの日本語教育支援に奔走しました。特に、地方の教師向けの巡回セミナーには毎月のように繰り出し、ネットワーク作りをしました。CEFRやJF日本語スタンダードに基づく教え方をともに学び、実践する日々でしたが、研修で学んだことを授業ですぐ試してみるスペインの先生方のパワーとやる気で教師会もぐんぐん成長しました。また、マンガイベントで日本語を勉強したことのない人たちに、アニメ・マンガに現れるキャラクターやジャンルの日本語表現を楽しく学べる「アニメ・マンガの日本語」サイト（http://anime-manga.jp）を紹介したり、キャラになってあいさつしてみる体験授業を行うなど、日本語学習者の裾野を広げる活動にも携わりました。

3. こんな人が派遣に向いている

海外の現場はそれぞれ異なり、同じ現場というものはありません。日本語教師養成講座等で学んだ知識や日本での教授経験そのままでは通用しないかもしれません。ですから、現地の先生や学習者の声に真摯に耳を傾けながら、自分ができることは何かを考え、柔軟に対応できるかどうかが大切です。さらに、現場の役に立ちたいという思いややる気、現地の人たちといっしょに働き、ともに教え学び合うという気持ちがあれば、きっとどんな現場でも対応していけるでしょう。

国際交流基金の派遣をきっかけに、日本語教育の道に入る人、大学に戻り専門性を極める人、海外のさまざまな現場でステップアップしながら活躍する人などさまざまです。キャリアパスの一つとして、国際交流基金の派遣も考えてみてはどうでしょうか。

（熊野七絵）
国際交流基金関西国際センター日本語教育専門員主任。マドリード派遣中に出会ったカナリア諸島出身の夫と娘と大阪南部の漁港近くの小さな町に住んでいます。休みの日には、海やキャンプで自然を満喫しています。

JICAで生かす日本語教育の知識と経験
～国際協力分野で働く日本語教師～

1. JICA（国際協力機構）で働く日本語教師

　JICAは日本政府の開発途上国支援を実施する独立行政法人で、簡単に言うと、途上国と日本を結ぶ懸け橋といった感じでしょうか。

　JICAには、日本語教育関係者がたくさんいます。一番多いのは、海外ボランティアです。「青年海外協力隊」という名称のほうがよく知られているかもしれません。国際協力と言うと、インフラ整備など技術系の仕事や、農業、医療の仕事をイメージしがちですが、教育系も意外と多いのです。協力隊員は、選考と事前研修を経て、途上国に2年間派遣されます。日本語教師の配属先は主に高校や大学などの中・高等教育機関ですが、中南米諸国の日系人協会などからの派遣要請に基づき、日系日本語学校の教師として派遣される場合もあります。学習者への指導はもちろん、現地人教師への指導を求められる場合もあります。日本語教育があまり盛んでない国では、その地域で唯一の日本語教師という場合も少なくありません。整った環境で教えられることもあれば、雨漏りと停電との闘いということもあります。よくも悪くも、さまざまな状況への適応力が高まります。

　JICAには国内の業務もあります。途上国からの研修員の研修管理を行う仕事があり、そこにも日本語教育関係者がいます。世界各国からやってくる研修員たちが、より多くの知識や技術を習得できるように研修日程やその内容を考えたり、気候や生活習慣、言語の違う日本で問題なく過ごせるよう、通訳を手配したり、日本語のクラスや地域との交流を企画するのが主な業務内容です。

　上記二つは外国人対象の仕事です。一方、JICAが日本人対象に行っている仕事の一つが、今、私の担当している「国際協力推進員」という仕事です。

2. 国際協力推進員という仕事

　よくJICAは途上国の開発の最前線で汗を流しているという誤解を受けるのですが、実はJICAはプレーヤーではなく、コーディネーターです。途上国のニーズと日本国内のリソースを把握し、そのマッチングを行うのが主な業務で、国内15カ所の拠点で、地域リソースの掘り起こしを行っています。例えば、海外ボランティアに参加したい人や、プロジェクトを通して途上国の発展に貢献したいというNGO・NPO、自治体や大学、企業などから相談を受け、それを必要としている途上国との橋渡しをするのがJICAの役割です。きめ細かく地域とつながるために、各県にJICAデスクという相談窓口が置かれ、その窓口を担当しているのが国際協力推進員です。その名のとおり、地域の「国際協力を推進する」のが仕事です。業務内容で一番大きな割合を占めているのは、学校や地域社会で世界について考えるセミナーをしたり、異文化理解イベントを行ったりといった国際協力に関する啓発活動です。

　少し抽象的に表現すると、「結節点」ということばが、今の仕事を一番よく表していると思います。途上国と日本、JICAと地域、人と人、異なる文化的背景を持つもの同士をとにかくつなぎ、それによって起こる何かを見守る、そんな仕事です。この仕事の一番の魅力は、さまざまな人との出会いがあることです。行政や教育関係者はもちろん、起業家、NGO、メディア関係者、アーティスト、作家、スポーツ選手などなど、日本語教師として教室にいるだけでは知り合えないような人たちと話をしたり、イベントを企画したりする機会に恵まれます。そういった人たちと一緒に、日本人も外国人も巻き込んで、世界について考える

場を作る、そういう経験は、今の仕事で得られた収穫の一つです。もちろん、日本語教育の知識だけでは全然足りないので、とにかく勉強の毎日。本棚には、日本語教育「じゃない」本が増えました。

ひろしまフラワーフェスティバルのJICAブースにて

3. JICAに興味のあるみなさんへ

私の経験からアドバイスできるとすれば、それは、①基礎をおろそかにしない、②経験を通して考える、この二つかなと思います。

世界にはどんな人たちが暮らしていて、どんな言語を話し、どんな文化・風習があり、どんな問題を抱えているのか。授業や留学生との交流など、大学時代に学んだことで無駄だったことは一つもありません。

そして、大学で得た知識が基礎編だとしたら、海外とりわけ途上国での教壇経験は応用編です。決して恵まれてはいない教室環境、手に入らない教材、突然変更される授業日程、配慮が求められるその国の文化や宗教などなど、実際に直面して鍛えられる場面が非常に多くあります。自分自身が「外国人」として困った経験、さらには途上国での生活経験があるからこそ、日本で生活する外国人たちが母国でどんな生活をしているのか、ど

うすれば日本人と外国人の距離が縮まるのか、さらには、どういう人が増えれば、先進国にとっても途上国にとってもよりよい社会になるのか、そういったことに発想が及ぶようになりました。

「ことばは手段だ」と言われることがあります。では「日本語教育」は何の手段なのでしょうか。自分が持っている日本語教育の知識や経験を生かして、世界の発展に貢献してみたい。もしそう思うなら、働くべき場所はJICAかもしれません。

(橋本優香)
JICA中国　国際協力推進員。趣味は、海外行き当たりばったり旅。何を食べてもあたらない強い胃腸だけが自慢です。中東だけが未踏の地。アラビア文字を見ながら、やっぱり文字のハードルは高いなぁ…と漢字学習者にシンパシーを感じる今日この頃。

日本語教育について深く知る
～日本語教師への7つの質問～

　Section1 では、日本語教師の仕事が日本語を教えるだけではないこと、外国人に関わる仕事にもいろいろな現場があることを紹介しました。Section2 では、そのような日本語教育の現場で活躍する日本語教師のみなさんに、Q&A の形式で以下の7つの質問に答えてもらいます。

Q.1　日本語教育に興味を持ったきっかけは何ですか？
Q.2　日本語教師になるまでの歩みはどのようなものでしたか？
Q.3　今の仕事について教えてください。
Q.4　日々の仕事で大変なことや悩みについて教えてください。
Q.5　日本語教師になってよかったことやうれしかったことについて
　　　教えてください。
Q.6　あなたにとって「日本語を教える」とは？
Q.7　これから日本語教師を目指す人に向けてメッセージをお願いします。

　日本語教師になるまでのことや日々の悩み・喜び、そして「日本語を教える」ことの意味について語ってもらいます。普段は聞けない日本語教師の話を聞いてみましょう。

「ことば」と「人」に向き合う
~グローバル化する日本国内の大学での日本語教育~

Q.1 日本語教育に興味を持ったきっかけは何ですか？

「日本語教育」というのは、「国際的」な仕事の一つであるに違いないと思うのですが、私の感覚からすると、それは「後からついてきたもの」「いつのまにか巻き込まれていたもの」と言ったほうが正確なような気がします。

私自身、子どもの頃から、一言で言えば「ことば好き」でした。例えば、小学生のとき、遠足の作文を書いていて、「~ました。~でした。」と文末を過去形で書き進めていく中で、なぜ形容詞は「~でした（×大きいでした）。」ではだめで、「~です（大きかったです）。」にしなければならないのだろうと疑問に思って、鉛筆が止まった記憶があります。この例に限らず、「ことば」への関心は高かったと思います。

そんな中、「日本語教育」という専門領域の存在を知ったのは、中学生の頃でした。当時、高校生だった姉が持っていた進路情報誌をのぞき見たときに、「日本語教育」という領域の存在を知りました。それがちょうど広島大学の教育学部に日本語教育学科が設立された時期にあたるのですが、自分自身の「ことば」への関心と、「日本語教育」という領域が重なるとしたら、こんなに魅力的な進路はないのではないかと確信を持ちました。そして、それがそのまま実際の進路となったのです。

Q.2 日本語教師になるまでの歩みはどのようなものでしたか？

大学に入ってから、最初は一般教育科目ばかりでしたが、本格的に専門の授業が始まった学部3年のとき、「日本語文法演習」という授業で、久野暲の『The structure of the Japanese language』に出会いました[注1]。「『正文』を解釈するだけでなく、『非文』を分析することではじめて見えてくる日本語の姿がある」という趣旨の前書きから始まって、「『は』と『が』」「なら」「たら」など、具体的な項目の分析に触れる中で、こうやって日本語を見る方法があるのかと、またしても、私の「ことば好き」に火がついてしまいました。

その後、学部を卒業してから、2年ほど国内の日本語学校に勤めましたが、学部時代に知ったことばの研究のおもしろさのほうに引き戻され、大学院に戻り、博士課程まで進学しました。当時は、博士課程への進学を決断した時点で、大学で職を得るという雰囲気が自分にも周囲にもあったと思います。日本語教師でも教員養成でも、可能性があればどちらでも、と思っていたところに、運よく日本語教師のポストへの就職が決まりました。そこからどっぷりと大学の日本語教育にのめり込み、後に述べるように、それまで抱いていた一般の大学教員のイメージとはだいぶ異なる経験をしながら、今に至っています。

注1：「日本語文法」と言う場合、中学や高校の国語の時間に学習するいわゆる「国文法」もありますが、これはすでに日本語が無意識に使える母語話者の目線で現象を整理したものです。一方、日本語を外国語として学習する人にとっては、未知の日本語の使い方がわかるためのルールが必要であり、そのルールの束を「国文法」と区別して「日本語文法」と呼ぶこともあります。

Q.3　今の仕事について教えてください

【概観：国内の大学における日本語教育】

　一口に「国内の大学で日本語を教える」と言っても、実際にはいくつかのケースがあり得ます。私の場合は、「留学生センター」のような全学的な組織に属して留学生や外国人研究者に日本語の授業をすることを主たる業務とするケースです。このほか、国内の大学での日本語教育としては、学内のある部局（学部／研究科）に属して、日本人学生向けの授業を担当するのと同様に留学生向けの授業も行うケース、さらに、一部の私立大学にある「留学生別科」に属して、正規に入学する前の学生に日本語を教えるケース、などいくつかの形態があり得ます。

　さて、国内の大学における全学的な日本語教育を捉えようとすると、国の留学生政策の影響は無視できないように思います。広島大学に日本語教育学科ができた 1986 年というのも、ちょうど「留学生 10 万人計画」（1983 年）が出された頃でしたが、その後、「留学生 30 万人計画」（2008 年）「スーパーグローバル大学創成支援事業」（2014年）など、国の留学生政策の流れの中で、日本語教育も何度か大きな影響を受けてきたと言ってよいでしょう。

　それに加え、国立大学について言えば、2004年の法人化が大きな転機となりました。それまでは、文部科学省の省令により各大学に設置されていた留学生センターが、法人化後は、各大学の裁量で独自の内規により存在する組織となりました。その結果、各大学では「グローバル化」戦略に対応すべく改組が行われ、ミッションの拡大や変更等が生じています（倉地, 2016）。

　私の所属する東京大学の場合も、就職した当時の名称は「留学生センター」の「日本語教育部門」でしたが、2010 年の改組により、「国際本部日本語教育センター」という本部の一組織となりました。一方、当時の「留学生センター」にあったもう一つの「留学生教育・相談指導部門」は、改組で「国際センター」となりました。こうして業務が明確に分かれたことで、幸い、私たちは「日本語教育」に専念できるようになりましたが、一方で、全学的なサービス機関として、「日本語教育」で学内に存立する意義を示すことが求められるようになりました。

　同時に、学内の「グローバル化」の影響も強くなってきています。例えば、本部や学内他部局から特定のサマープログラム向けの日本語コースの委嘱が増えたり、渡日時期のずれた留学生や研究者のための短期コースの開設が必要になったり、などです。

【大学教員としての仕事】

　上で述べたように、大学の日本語教員の仕事は組織ごとに異なるため、私の経験が「国内の大学の日本語教育」の典型例では必ずしもないことをお断りした上で、以下述べていきます。

　私の日々の仕事は、大別して、（A）学内の留学生、外国人研究者を対象にした日本語の授業、（B）（A）のコーディネーション業務、それを含めた教育研究活動、（C）センター運営のための諸業務、の三つに分けられます。このうち、（A）の日本語の授業が最も中心的な仕事です。

　ここで、こうした現場のイメージを具体化するために、私たちの受講者の特徴に触れておきます。東京大学の留学生数は、3,696 名（2017 年5 月 1 日現在）、外国人研究者数は 4,448 名（2016年度）と大規模です。もちろん、この全員が日本

| 29

注2:「アカデミック・ライティング」とは、アカデミックなレポートや論文などを書くにあたって、その構成や表現などを学び、その知識を使って実際に書く練習をしたりするものです。また、「講義聴解」とは、日本語で行われる講義を聞いて理解し、ノートにとるなどのスキルを学ぶものです。

語教育を希望するわけではありませんし、東京大学には、部局によって独自の日本語教室が運営されているところがあるため、日本語教育センターで日本語の授業を受けているのは、このうち年間延べ約1,000名です。開講コースとしては、定期コース(「集中コース(週10コマ程度)」「一般コース(週2～3コマ程度)」)と不定期コース(「短期コース(1週間程度)」「スポット講座(2～3日程度)」)、合わせて、年間約500コマ(1コマ100分)にのぼります。

東京大学の留学生の傾向としては、①大学院生の割合が高く(全留学生のうち、研究生も入れると約9割)、年齢層も20代後半から30代前半と高め、②理系の専門分野が多く、研究自体は英語という人も多い、③専門の研究活動が多忙で、日本語学習を継続できる人ばかりではない(教室学習は1学期のみ)、などが挙げられます。

では、このように多忙な、そして、一見、日本語が「不要」に見える留学生たちが、何を求めてセンターの教室まで来てくれているのかというと、特に日本語初学者の場合は、やはり「生活のため」が多いようです。しかし、それに加えて、純粋に「日本語や日本語学習への関心」という声も少なくありません。

図1は、2015年度の集中コース(初級～中級後期)の修了生に「日本語学習の動機」を尋ねた結果です。回答者数は64名で、複数回答可でしたので、どの選択肢も人数は多めなのですが、「3.日本語の勉強は魅力的でおもしろいから」「4.せっかく留学した国の言語を学ぶことは自然なことだから」が各44名と、「1.生活のため」や「2.研究のため」を上回っています。

一般に、大学の留学生向けの日本語の授業というと、「アカデミック・ライティング」や「講義

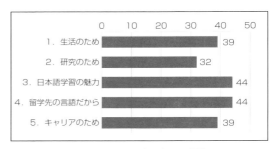

図1:受講生の日本語学習の動機

聴解」などがイメージされるかもしれません(もちろん、学内にはそれが必要な留学生もいて、それに対応する授業が、私たちのセンターにも学内他部局の日本語教室にもあります)注2。また、研究が英語だけでできるのならば、最低限、生活で困らない「サバイバル日本語」でよいのではないかと言われることもあるのですが、上で見たように、留学生の中には、「日本語学習の魅力」や「留学先の日本を知る手段」など、必ずしも実用目的ではない動機で日本語を学びたいと考える層が、少なからずいるのです。

では、そんな学習者の期待に応えるために、どんな日本語をどう教えたらよいか、ということが課題になるのですが、それが(B)コーディネーションや、それを含めた教育研究活動です。

私の所属機関では、定期コースだけでも、毎学期、集中コース約5クラス、一般コース約10クラスを開講していますが、各クラスのコーディネーター(いわゆる担任)を、複数クラス担当することになります。これに加えて、技能コマごとのコーディネーター制をとっていることが、特徴の一つです。

表1：集中コースの時間割例（中級前期の場合）

	月	火	水	木	金
1	文法*	文法	文法	文法	復習
2	漢字	会話	語彙／聴解	ライティング	会話

＊「文法」は読解教材や音声教材の利用も含む

　表1は、集中コースの中級前期クラスの10コマの時間割ですが、この全体をクラスコーディネーターが所管する一方、「会話」や「漢字」などの技能コマについては、担当クラス・レベルを越えて、技能コマコーディネーターが、その教育内容について責任を持ちます。そして、技能ごとの特性に応じた教育内容や方法を創造的に開発していくというシステムです。例えば、前原他（2017）は、母語で漢字のわかる漢字圏学習者にも、漢語の読みに特化した体系的な指導が必要であることを提案した共同研究ですが、これは、こうした枠組みの中での実践から生まれた一例です。

　さらに、（C）のセンター運営のための諸業務、これは専任教員ゆえに発生する業務ですが、これが大変な多岐にわたります。日本語コースを開講するには、時間割作成、非常勤の先生の出勤日の調整から、一方では受講生の募集のための広報もあります。また、教室活動を充実させるためには各種機材が不可欠で、その選定や購入、それを含めたセンターの年間予算案の策定、担当事務との交渉、といった業務もあります。この種の仕事は、本当にいろいろあって書ききれませんが、一言で言えば、「よりよい日本語コースを運営するのに必要なことは、何でも、自分たちの仕事」という意識でやっています。

　以上が私の仕事の概観ですが、これらはQ2の最後に「一般の大学教員のイメージとは違う」と書いたことにもつながります。つまり、（A'）自分が大学時代に学んだことのないことを教える仕事であること、（B'）学生時代の研究の続きではなく、日々の仕事の内容や方法の開発そのものが研究課題となっていくこと、そして、（C'）一般には事務がやってくれるような「教務」「広報」「経理」などにも広く対応を求められること、などの点においてです。

Q.4　日々の仕事で大変なことや悩みについて教えてください

　私にとって、今なお大変なのは、日本語の授業をすることです。生身の学習者に、それも、教室という環境で複数の学習者のそれぞれに、そのときに最大限のものを持ち帰ってもらうというのは並大抵の仕事ではないと何年やっても感じます。

　ちなみに、「東大で教えている」と言うと、「東大の学生だったら頭がよいから楽でしょう」とよく言われます。前半の「頭がよい」は確かにそうですが、後半の「楽でしょう」は必ずしもそうではないというのが実際です。

　その理由を考えてみると、学習者がすでに自分の学習スタイルをしっかり持った「大人」であり、そんな彼らが知的関心を持って真剣に学習に取り組み、そこで生まれた疑問や違和感を正面からぶつけてくることによると思います。

　まず、ときどき出会うのは、体系への志向の高い学習者です。「肯定形」があれば「否定形」があるのではないかなど、論理式のように考えがちで、例えば、「食べてしまった」を導入すると、その否定形の「『食べないでしまった』は言える

注3：例えば、英語であればアルファベットの小文字が
26文字、それに大文字を加えても全部で52文字で、
すべてが表記できるのに対し、日本語の場合は、ひら
がなだけでも46文字、それにカタカナ、さらには漢
字（常用漢字だけでも約2,000字）があり、数だけを
見ても学習者には負担の高いものと言えます。

か？ 言えないとしたらなぜだめか？」のように
詰め寄られることが、毎学期と言ってよいほどあ
ります。ただし、この種の質問は、意図はわかり
ますし、パターンもあるので、慣れてくればまだ
何とかなります。

　ですが、それ以外のほとんどは、簡単に何と
かなるものではありません。そして、それこそが、
「日本語を教える」仕事の難しさと奥深さを教え
てくれます。以下に2例紹介しましょう。

【例1：学習者による認知スタイルの違い】

　私が教えている学習者には、非漢字圏出身者
が少なくなく、特に初級段階では、文字学習の壁
をいかに負担なく乗り越えてもらうかが、課題の
一つでもあります注3。しかし、それに向き合って
いるうちに、一筋縄ではいかないことがだんだん
わかってきました。

　例えば、日本語学習を始めたばかりの非漢字
圏の初級学習者に「東」という漢字を教える場合、
そのパーツに注目させて「『木 tree』の間から『日
sun』が出てくる。それがすなわち『東 east』な
のだ」という趣旨の説明をすると、学習者は、漢
字の表意性の世界に触れて、目をキラキラさせて
くれます。ところが、そうでない人も少なからず
います。それも、単に「しっくりこない」という
レベルではなく、そもそも「東」という字から「日」
を抽出することが、認知的にできないようなので
す。そして、上のような説明が意味をなさないと
いう学習者が、クラスにほぼ必ず数名いるのです。

　また、字源に関心があっても、上のような説
明を聞けばわかる人と、ことばによる説明だけで
は不十分で、具体的な絵をともなってはじめてわ
かる人がいます。さらに、後者の場合でも、ただ
絵があればよいというわけではなく、それを動的

なストーリー仕立てにしてはじめて理解できると
いう人もいます。

　このように、ある学習者にとっては貴重な学
習のきっかけとなることが、別の学習者には意味
を持たず、それどころか、ノイズにさえなり得ま
す。その一方で、ある学習者にとって意味をなさ
ないことが、別の学習者には学習のきっかけにな
ることもあるということです。こうした、学習者
ごとに異なる「無意味」を「有意味」にするとこ
ろまでが、教師には求められるのだと考えさせら
れる事例です。

【例2：学習者の言いたいことと、日本語の発想と
の違い】

　先に見たような学習動機を持って日本語学習
をしている学習者には、できるだけ「自然な日本
語」「日本語らしい表現」を教えたいというのが
私たちが大切にしているスタンスの一つです。そ
んな中、中級前期を修了した学習者（ベトナム出
身）の修了スピーチの原稿の指導をしているとき、
次のようなことがありました。

　集中コースで1学期間、毎日100分×2コマ（約
3時間半）をセンターで過ごしてきた思い出を書
きたいと、最初にその学習者が書いてきた原稿に
は、(1a)のような文がありました。

(1a) 先生方は、効果的な3時間半のために、一生
　　懸命働きました。

　いかにも英文翻訳調の文です。この学習者は
英語がとても堪能だったので、英語で考えた文を
機械翻訳にでもかけたのかなと思い、これが日本
語らしくないこと、つまり、物語でもないのに3
人称主語の文をそのまま言うのは日本語では変な

こと、しかも、先生を評価するようなニュアンスが出るので好ましくないことなどを説明しました。

　そして、この学習者は「～おかげ」を知っているはずでしたので、代案として、(1b) のような文を出しました。

(1b) 先生方のおかげで、私たちは毎日、効果的な3時間半を過ごせました。

　これで「ああ、そう言えばよかったんですね」と素直に言ってくれるかと思いきや、その学習者は、「『～おかげ』はわかります。でも、この (1b) の文の意味は、(1a) とは違いませんか？」と言ってきたのです。

　はじめはその意味するところがわからなかったのですが、話を聞くと、「(1a) の『効果的な3時間半』は本当に効果的だったかどうかは問題にしていない。それに対して、(1b) の『効果的な3時間半』は、『3時間半が効果的だった』という結果をもう言ってしまっていますね。」と言うのです。なるほど、そのとおりです。

　この学習者は、コースの「効果」については、スピーチのもっと後のところで言いたいと考え、戦略的にここではまだそれには触れたくないという明確な意図を持って、(1a) の文を出した、ということのようでした。

　最終的には二人で話して、(1c) のような文に落ち着きました。

(1c) 先生方は、私たちが毎日効果的に3時間半を過ごせるように、一生懸命教えてくださいました。

　こうして「3時間半の効果」に言及しない言い方になりましたが、日本語を教えるというのは、こちらが「日本語らしい表現」を押し通すのでは済まないと知った事例でした。

Q.5　日本語教師になってよかったことやうれしかったことについて教えてください

　私が日々経験していることは、「雑務」的なものも含めて、「日本語教師」になっていなければ経験できなかったと思えることばかりです。

　何より、この仕事に就いたことで、世界各国の人々と出会い、その国々のことを肌で感じることができるようになりました。言い換えれば、留学生が日本に来て、日本語を学んでくれるおかげで、こちらは海外に行かずとも、諸外国の文化や考え方などに触れることができるわけですから、ありがたいことです。

　ちなみに、図2の「Web世界地図」は、受講生のこのような多様性を生かして、所属機関で開発したものですが、約80カ国400名にのぼる留学生たちが書いた「国のいちおし」「日本で好きな場所」「日本語で好きなことば」が見られます(センターウェブページのバナーよりアクセス可能：http://www.nkc.u-tokyo.ac.jp/)。

図2：受講生の作文ポータル「Web世界地図」

このように世界が身近にあるという意味で、この仕事はもちろん「国際的」ですが、それだけでなく、ふだん自分がそんな状況にあることを意識することがないほどの日常に身を置いているというさらに深い意味において、グローバルな環境で仕事をしていることを実感しています。

Q.6　あなたにとって「日本語を教える」とは？

「ことば好き」から入った私が、さまざまな経験を通して、最近強く感じるのは、「日本語教育」とはどこまでも「人」に向き合う仕事だということです。それは、「ことば」というのが使う「人」あってのものであり、その「ことば」を受け取るのも「人」、「ことば」を学習するのも「人」、そして、日本語教師として「ことば」を教える自分もまた「人」ということによります。

Q4で見たようなさまざまな経験は、そのまま私の今の日本語教育観に強く影響を与え、課題も示してくれます。

一つ目の文字学習の話からは、次のようなことに気づかされます。異なる認知スタイルを持った学習者が集まった教室で、個々の学習者にとって最善のサポートをすることまでが教師の仕事ですが、その教師もまた、何らかの認知スタイルを持っているわけです。それを超えて、多様な学習者に満足してもらうには、大変な配慮とそのための努力が必要だと感じます。特に認知スタイルのようなものは、簡単に変えられるものではありませんので、教育の場にあっては、自分のやっていることが学習機会を奪うことになってはいないかという意識が最低でも求められると思います。

なお、ここでは文字学習の話でしたが、日本語教育でよく使用される「絵カード」なども同様でしょう。本当にその絵でよいのか、学習者によっては、こちらの意図どおりには見てくれていなかったり、ノイズになっていたりするのではないかと、授業のたびに教師が配慮すべきことの一つではないでしょうか。

次に、二つ目の学習者のスピーチ準備の話から気づかされるのは、次のようなことです。「学習者の発想」というのをそのまま日本語にすると、当然ながら、不自然になってしまうことがあります。一方、「日本語として自然な発想」で生まれた日本語の文では、学習者の言いたいこととずれてしまうこともあるわけです。それは、言語が違えばどうしても起こることですが、日本語教師の仕事というのは、単に「日本語の側の事情を伝える」だけでなく、日本語の発想と、学習者の他言語による発想との間を行きつ戻りつして、そこに学習者の納得のいく説明や代案を出すところまでを含むのだと思い至ります。

こうして考えてくると、日本語教師の仕事とは、「ことば」を教えることを通して、多様な学習者それぞれに満足を与えられるかどうかが問わ

注4：その後2018年4月には、新たに本部組織の改組が行われ、「国際本部」は「グローバルキャンパス推進本部」となるなど、Q.3に書いたような状況はいっそう強まっています。

れる、とてもシンプルですが責任の重い仕事だということに、改めて気づかされます。

Q.7　これから日本語教師を目指す人に向けてメッセージをお願いします

　ここまで、私の経験の範囲でこの仕事の大変な面もいろいろ書いてきましたが、それでもおもしろそうと思った人には、ぜひこの世界に入ってきてほしいと思います。

　もっとも、現状では、特に「大学」で日本語教師の職を得ようとすると、大学院レベルの学歴が求められるのがふつうです。そのために、短い期間で大学院を終えて就職したいと思うと、研究の領域を狭めることで、専門性を高めざるを得ない面があるのではないでしょうか。

　しかし、ここまで書いてきたように、大学の（おそらく大学以外でも）日本語教育の現場で求められるものは非常に多岐にわたります。しかも、現場ごとに状況も異なるため、「特定の専門性」よりも、「何でもできること」のほうが求められる面もあります。

　では、いざ日本語教師になったとき、どういう視点でこの仕事を捉えたらよいかということですが、私が考えるのは、社会を支える「職業」の一つとして日本語教育の役割を捉える発想を持つことではないかと思います。

　そう考えるのは、まさにグローバル化が進む現代、国際的な仕事は日本語教師でなくてもいくらでも身近にあるからです。一見遠い例のように思われるかもしれませんが、例えば最近、国内の観光地に出かけると、そこにいる観光客の半分以上が外国人という経験をすることが増えています。そして、その土地の観光案内所や公共交通機関から、町のトイレに至るまで、観光客を迎えるそれぞれの職業の人が、異文化に折り合いをつけるために、大変な努力をしていると感じます。そういう人たちがやっている取り組みと、日本語教師がやっている取り組みとは、フィールドは違っても、社会を支える役割を担うという意味において、基本的に等価なもののはずです。そうだとすると、日本語教師の仕事のうち、ほかの職業にはできないことは何なのか、日本語教育そのものの「職業」としての役割を探りながら日々取り組んでいくことが、進むべき道にヒントを与えてくれるのではないかと思います。

　自分が立つことになった現場の事情に合わせながら、社会を支える職業の一つとして、「日本語教師」を一緒にやっていける仲間が将来増えていってほしいと願っています注4。

参考文献

倉地暁美 (2016).「大学のグローバル化が日本語教育プログラムと教員の立ち位置に及ぼす影響」『広島大学日本語教育研究』26, pp1-7. 広島大学大学院教育学研究科日本語教育学講座.

前原かおる・増田真理子・藤田朋世・渡部みなほ・菊地康人 (2017).「漢字圏学習者の漢語の「読み」の安定のための指導提案」,『2017年度 日本語教育学会春季大会予稿集』, pp.197-202.

（前原かおる）
東京大学日本語教育センター講師。最近のモットーは「一歩下がって二歩進む」。この発想により、高校時代でも5キロまでしか走ったことがなかった私が、この年になって10キロも走れるようになりました。おかげで体内年齢も改善中！

いろいろな人と出会える仕事
～国内の日本語学校～

Q.1 日本語教育に興味を持ったきっかけは何ですか？

ある日、新聞を読んでいたら小さな記事があり、そこに、広島大学に日本語教育学科が新設されると書かれていました。もともとことばには興味がありましたが、国語ではなく「日本語」を教えるということに魅力を感じました。私にとって、中学や高校で学んできた「国語」のイメージは、筆者の心情を読み取ったり、表現を味わったりするというものでしたが、「日本語教育」は、それとはまったく違って、ことばを使ってコミュニケーションができるようにすることで、教える相手も外国人という、自分にとって未知の世界だと思いました。ただ、当時は「日本語教育」ということばもまだ一般的ではなかったし、自分の中にも「日本語教師」とはどのような仕事かというはっきりとしたイメージはなかったように思います。

Q.2 日本語教師になるまでの歩みはどのようなものでしたか？

大学入学時は、教育学部に入ったんだから、将来は先生になるんだろうな、というようなぼんやりとした考えしかありませんでした。大学で日本語教育について学んでいる間に、卒業後は国内で日本語関係の仕事をしたいと思うようになりました。日本語の研究機関で研究をするか、日本語教師になるか迷っていたのですが、どちらにしても日本語関係の仕事をするなら、東京に行くのがよさそうだということで、大学の先生に東京の日本語学校を紹介してもらいました。その学校には広島大学の教育学部を卒業した先輩がいるということだったので、夏休みにその学校を訪問し、先輩から話を聞いたり、学校内を見学させてもらったりしました。先輩がいるという心強さと、教科書も出版している大きな学校だということで、この学校の試験を受けることにしました。試験は2次試験まであり、1次試験は筆記と面接、2次試験は校長との面接でした。当時、私は日本語教育能力検定試験を受けるための勉強もしていましたし、日々の大学の授業で指導案の書き方や教材の作り方なども学んでいたので、就職試験のための準備は特にせず、面接の自己PRで何を話すか考えた程度でした。また、その頃は「日本語教育学科」というもの自体が珍しく、当時、日本語教師として仕事をしている人はカルチャースクールなどで行われる日本語教師養成講座を受講した人が多かったようで、私には日本語教育について専門的に4年間学んだのだという妙な自信がありました。結局、筆記試験は6割程度の成績しか取れませんでしたが、合格することができ、現在の勤務校に就職することになったのです。今思えば合格後、仕事が始まるまでの間に、大学ではあまり教わらなかった読解や聴解の授業のやり方、漢字指導の方法など、いろいろ勉強したり準備したりすることはあったはずですが、当時は、何を準備するでもなく、ただ東京の学校で教えはじめる日を待っているだけでした。

Q.3 今の仕事について教えてください

国内には日本語学校が数多くあり、対象としている学生や学生数、学生の出身国、就学期間[注1]など、さまざまな違いがあるので、まずは学校の概要から説明したいと思います。

私の勤務校には就職を目指す学生を対象とする日本語通訳ビジネス科と日本語教師を目指す学

注1：1～2年の学校が多いですが、短期コースを設定しているところもあります。
注2：日本国内の専門学校、大学、大学院など。
注3：文化外国語専門学校編、1997年初版発行。

生を対象とする日本語教師養成科、日本の専門学校や大学などへの進学を目指す学生を対象とする日本語科があります。私が所属しているのは日本語科です。日本語科には台湾や中国、韓国、タイなどアジアの学生が多いのですが、ヨーロッパやアフリカ、南アメリカなどの学生もいます。だいたいの学生は高校や大学を卒業後、来日します。そして1年か1年半、日本語を学んで、次の学校[注2]に進学します。

入学してくる学生は、来日前に日本語を学んでから来る人もいれば、あいさつも「あいうえお」も知らないで来る人もいます。ですから、入学後すぐに日本語力を測るプレースメントテストを行い、レベル別にクラスを分けます。

1クラスの学生数はだいたい15～20人でクラス数は10～14ぐらいです。週5日、朝9時10分から午後2時50分まで授業があります。

教師の担当もレベル別になっていて、チームを組んで2～4クラスを担当します。教師の勤務時間は常勤の場合、朝9時から夕方5時までです。5時までに仕事が終わらなかったら、残って仕事をするか、家に持って帰って仕事をすることもあります。

たまに学生からこんな質問をされることがあります。

学生：先生の仕事は何時までですか？
私：5時までですよ。
学生：え？　授業は3時頃終わるのに、5時まで何をしているんですか？？

この質問をされるたび、私のほうが「え？」と思ってしまいます。学生からすれば、私たちの仕事は授業をすること、それが終われば仕事も終わりなのでしょう。もしかするとみなさんの中にも同じように思っている人がいるかもしれません。

でも、ちょっと考えてみてください。例えばテストをするとします。そのテストは、誰がいつ作るのでしょうか。また、テストをした後、採点をするのは？

テストだけではありません。作文の授業の後は添削があるし、日々の授業で使う教材などの準備だってあるのです。

授業で教える内容は多岐にわたります。

学校によっては技能別（読解、聴解、作文、会話など）で担当を決めているところもあるかもしれませんが、私の勤務校はそうではないので、何でも教えられなくてはなりません。各技能はもちろん、文法、漢字、JLPT（日本語能力試験）対策など、さまざまな授業があります。さらに教えるレベルも初級から上級まであり、短くて半年、長くても2～3年で担当レベルが変わります。

では、具体的な1週間のスケジュールはどのようなものか、説明しましょう。

次のページのスケジュール例は、中級レベル、メインテキストは『文化中級日本語Ⅱ』[注3]、2クラスを3～4人の教師が担当するという設定のものです。

私の勤務校は1コマが50分の授業で、毎日午前3コマ、午後2コマ、計5コマの授業を行っています。

これを見てもわかるとおり、文型（文法）を教えるだけでなく、漢字、聴解、会話など、さまざまな授業を担当します。一人の教師が担当する授業の数は、専任講師の場合は1週間に16～18コマぐらいです。

では、少し詳しく、それぞれの授業について説明しましょう。

37

注4：
文型1「今日はグランドキャニオンに行ってきました。」
文型2「見渡す限り茶色の世界でした。」

スケジュール例

	月	火	水	木	金
1限	L2 文型 1、2	L2 文型 5、6	L2 文型 7、8	L1 テスト	L2 本文 2（続き）
2限	L2 文型 3、4	L2 本文 1	L1 活動	L2 本文 2	L2 文型作文
3限	L1 文型作文	L2 本文 1（続き）	L2 漢字	L2 本文 2（続き）	L3 文型 1、2
昼休み					
4限	L1 漢字	会話	JLPT 対策	CALL	L1 テスト FB ほか
5限	L1 聴解	会話	L1 文型作文 FB ほか	L2 聴解	HR

　まず、「文型」です。このスケジュールでは木曜日を除く毎日、文型の授業が入っています。例えば月曜1限は、教科書第2課の文型1、2[注4]を教える授業です。

　文型の授業の進め方は教師に任されているので、自分でいろいろ工夫しながら教案を立てることができます。授業の前には文型の意味導入のための例文や小道具（イラスト、実物など）について考え、準備します。例文は教科書にも載っているのですが、それをそのまま使うことはあまりありません。その場の状況やクラスの学生の特徴などを生かした例文を提示すると、学生も理解しやすくなるからです。ほかにも、ドリル練習の内容なども考えます。その文型の意味や用法を学生がきちんと理解できれば教え方は自由ですから、この文型の授業が一番教師の個性が出る授業と言ってもよいでしょう。

　学生が文型を理解したかどうかを確認するための授業が「文型作文」です（月曜3限）。これは主に中級以降のレベルで行う作文練習で、学習した文型を使って短い文を書かせて添削するというものです。間違いが多かった部分は「FB（フィー

ドバック）」の授業（水曜5限）で学生に説明します。FB というのは添削した提出物を学生に返却し、間違いが多かったところや注意すべき点をクラス全体に解説する授業のことです。

　また、文型の学習後に行うのが「本文」の授業です（火曜日2～3限、木曜2～3限、金曜1限）。この授業では、教科書の本文の意味理解、学習した文型の確認、語彙説明などをします。

　「テスト」（木曜1限）はメインテキストの1課が終わるごとにあります。テストの後にも FB の時間（金曜4限）があり、テスト返却後、誤答が多かったものについて解説をします。

　「漢字」の授業（月曜4限、水曜3限）はだいたい週1～2回のペースで行われます。私の勤務校では初級から上級まで、漢字の授業があり、初級は漢字圏（中国、台湾など）と非漢字圏（タイ、インドネシアなど）に分けて授業をしますが、中級以降は分けずに授業をします。漢字指導の難しさは正誤の判断基準です。厳しい教師は漢字の一画一画に注目して正誤を判断しますし、それほど厳しくない教師はだいたいの形が合っていればよしとしてしまいます。ですから、その判断に差が

注5：一つのクラスの授業を複数の教師が担当します。

注6：学生が日本に入国する際の手続きや生活面のサポートを行います。

出ないように教師間で確認することが大切です。

漢字に限らず、ほかの授業でも、教師間の確認や引き継ぎが非常に重要です。一つのクラスを複数の教師が教えるので、いろいろな情報を交換する必要があります。私の勤務校では、毎週1回、同じクラスを教える教師全員が集まって、翌週のスケジュールや各授業のポイントについて話し合う時間が設けられています。このミーティングには常勤も非常勤も全員参加し、授業内容だけでなく、授業中の学生の様子や気になることなども話し合います。

授業内容に関しては文書などで引き継ぎをする学校もあるようですが、いずれにしても、日本語学校はチーム^{注5}で教えているところが多いと思うので、いろいろな場面で小さいことから大きな流れまで同じチームの教師とよくコミュニケーションを取ることが重要です。そこが日本語学校の特徴の一つかもしれません。

授業内容の説明に戻ります。1週間の終わり、金曜5限には「HR（ホームルーム）」があります。私の勤務校はクラス担任制なので、各クラスの担任がHRの時間に翌週のスケジュールや連絡事項を学生に伝えます。東京はイベントが多いので、週末のイベント情報を紹介することもあります。例えば、浅草の三社祭や美術館、博物館の特別展示、12月に都内各所で行われるクリスマスイルミネーションなどです。さらに時間に余裕があれば、日本語の歌を歌ったり、みんなで折り紙を折ったり、ゲームをしたりすることもあります。

1週間の仕事はだいたいこのような感じですが、授業関係以外の仕事もあります。例えば担任は、自分のクラスの学生の学習状況や進路、出席率などを把握したり、進路指導をしたりします。また、必要に応じて、面談を行うこともあります。

例えば、遅刻や欠席が多い、授業中に集中していない、クラスメートとの関係がうまくいっていないなど、教師から見て気になる様子の学生がいた場合、担任の判断で学生を呼び出し、話を聞きます。私の勤務校は特に出席率に厳しく、90％未満だと卒業することができません。出席率は毎月担任が集計することになっているので、出席率が下がっている学生がいないかどうかを確認し、もしいた場合は、教務^{注6}とも連携して、出席率がこれ以上下がらないように学生に注意します。

授業の準備や担任の仕事以外にも、私の勤務校では2泊3日の研修旅行や文化祭、年末パーティーなどの年中行事があり、その期間には準備の仕事もあります。もちろん、多くの時間を割いているのは授業関係の仕事ですが、ほかにもいろいろな仕事があるのです。

Q.4　日々の仕事で大変なことや悩みについて教えてください

勤務時間とそれ以外の時間のメリハリがつけにくいことでしょうか。この仕事を始めたばかりの頃は、教師用の指導書や文型辞典など、参考になるものが今のようにはなく、インターネットも普及していなかったので、とにかく自分で考えなくてはいけませんでした。ですから、授業でどんな例文を出し、どのような説明をすればよいかということを一日中考えていたような気がします。さすがに今はそのようなことはなくなりましたが、家でテレビを見ていて、「この番組は授業で使えそうだ」と思ったら録画ボタンを押したり、ニュースを見ている時に例文を思いついたりすることはあります。

それ以外で大変なことは、学生対応かもしれ

| 39

ません。幸い、私の勤務校は教員と教務の仕事がはっきり分かれているので、学生の事務的な手続きや生活指導などは教務がやってくれるのですが、クラス内での人間関係を観察して調整したり、学生のちょっとした悩み相談などに応えなくてはなりません。学生も一人ひとりさまざまな個性や考え方があるので、それを理解して適切な対応をしていくことも大変なことの一つだと感じます。

Q.5 日本語教師になってよかったことやうれしかったことについて教えてください

長くこの仕事をやってきて、よかったなと思うことは、自分から出会いを求めてどこかへ行ったりしなくても、毎年、新しい人と出会うことができることです。中にはびっくりするほど頭がよい人や、本当に心が優しい人、立派な考えを持っている人、全然勉強しないけれど憎めない可愛さを持っている人など、さまざまな人がいます。最近は、日本のドラマやアニメを見て独学で日本語を学んだので、流暢に話せるけれども、文法用語（い形容詞、な形容詞、て形、可能形…）はわからないという人、日本のアイドルが好きで日本語を勉強しているという、進学目的ではなく趣味で日本語を学ぶ人など、今まではいなかったような学生が次々にやってきます。私はさほど社交的な性格ではないので、この仕事をしていなかったら、こんなにたくさんの人と出会うことはなかっただろうと思うし、これまで教えてきた学生のことを思い出すと、本当に世の中にはいろいろな人がいて、いろいろな考え方があるのだということを実感します。

そうして出会った学生たちの中には、卒業後も遊びに来て近況を話してくれる人もいます。中には帰国後も、出張で日本に来たからとか、旅行で日本に来たと言って顔を見せてくれたり、「20年前に卒業した学生ですが、覚えていますか」と自分の妻や子どもを連れて突然やってくる卒業生もいて、そのたびに驚いたり懐かしい気持ちになったりします。もちろん全員ではありませんが、卒業生ともつながりが持てるというのもこの仕事のよさだと思います。

授業風景

Q.6 あなたにとって「日本語を教える」とは？

「学生たちが卒業後にそれぞれの目的を達成する手伝いをすること」です。私の勤務校は進学を目指す学生を対象としています。つまり、彼らの日本留学の目的は日本語を習得することではなく、習得した日本語を使って知識や技術を身につけることです。ですから日本語学校での学習期間は、次のステップにつなげるための準備期間なのです。ときどき遊びに来た卒業生が「この学校で勉強していたときは本当に楽しかった。もう一度

ここで勉強したい」などと言ってくれることがあります。それはそれでうれしいのですが、私としては日本語学校よりも進学先で有意義な時間を過ごし、日本に来た目的を果たしてもらうほうが大切だと思っています。

Q.7　これから日本語教師を目指す人に向けてメッセージをお願いします

　一口に日本語を教える仕事と言っても国内で教えるのか海外なのか、日本語学校なのか大学なのか、さまざまな選択肢があります。どこを選ぶかで働き方もずいぶん変わってくると思うので、実際に日本語を教えている人に会って、いろいろ話を聞くなどして、自分に合った職場を見つけてください。

　また、教師というと、人と接することが苦手な人は向いていないと思われがちですが、私は必ずしもそうではないと思います。私も人と接するのがそれほど好きというわけでもなく、先ほども書いたように社交的な性格でもありません。さらに人前で話すのも苦手です。でもこの仕事ができています。なぜなら授業はスピーチなどとは違って、毎日やるので、学生の前で話すことにも慣れてくるし、相手のこともだんだんわかってくるので、緊張感も薄れます。そして、重要なのは授業内容をわかりやすく伝えることで、学生と仲よくなることではありません。ですからその目的に向かって努力していけばよいのです。

　また、何か得意なことがあれば、それを生かすことができるのが、この仕事のよいところです。例えば絵を描くのが上手ならば、授業でどんどん自作のイラストを使えばよいし、朗読が得意なら聴解問題の録音に役立てることができるでしょ

う。ダンスが好きなら、クラスのレクリエーションにダンスを取り入れると学生も楽しめるし、合唱が好きならクラスの学生と一緒に日本語の歌を歌うとよいでしょう。どんな特技でもどこかで生かすことができるので、日本語教師になったら、ぜひ特技を活用してください。

（広田周子）

文化外国語専門学校専任教授。最近のトレンド情報は学生から教えてもらっています。トレンドに乗り遅れず、さらに他国の状況も知ることができるのは学生たちのおかげ、といつも感謝しています。

よりよい自分になること
～中国の日本語教育現場～

Q.1 日本語教育に興味を持ったきっかけは何ですか？

　私は政府派遣の留学生として30年前に日本に留学しました。その当時、中国人はまだ自由に日本へ旅行に行けない時代でしたので、留学の機会を得られたことは大変ありがたいことでした。

　留学前にも、本などを通して日本文化については知っていましたが、実際に日本で生活してみると、それまでイメージしていた日本文化とはかなり違いました。7年間の留学を通して私が学んだことや体験したことを日本文化に興味のある学生に教えたいと思い、帰国して日本語の教師になりました。

Q.2 日本語教師になるまでの歩みはどのようなものでしたか？

　私の専攻は日本近代文学ですが、大学院で文学ばかり勉強していたのではなく、日本語教育の授業もかなり受けました。例えば、日本語教授法、異文化間コミュニケーション、日本語文法などの授業です。また、中国語の教師をした経験もあります。後で考えてみれば、これらの勉強と経験は採用試験の際にも大いに役立ちましたし、実際に教壇に立ったときの助けにもなりました。

　採用試験の際の面接では、1コマ分の「基礎日本語」の授業を行いました。授業を設計する際には、日本語教育の授業で勉強した知識に加えて、中国語教師としての外国語教育の経験および自分の日本語学習経験も生かして、どうすれば学習者にわかりやすい授業になるかを考えました。一つの授業を作るためには、さまざまな知識や経験が必要だということを改めて考えさせられました。

Q.3 今の仕事について教えてください

　今の所属機関は北京師範大学の日本語学科です。北京師範大学には学部と大学院があり、大学院には修士課程と博士課程があります。学部と大学院の主な科目は、次のとおりです。

表1：学部の主な科目

一年生	初級日本語、初級日本語聴力、日本語口語(1)、日本語音声、日本語朗読
二年生	中級日本語、中級日本語聴力、日本語口語(2、3)、日本語作文、日本語文法、日本概況、日本歴史
三年生	高級日本語、高級日本語聴力、日本語翻訳、日本語通訳、日本語概説、日本文学史、日本語古文基礎
四年生	日本近現代文学選読、論文指導、中日言語比較、中日文学比較、中日文化比較

表2：大学院の主な科目

学位基礎科目	中日語言比較研究、日語教育研究、中日文学比較研究、中日文化比較研究
専門科目	日語史、日語習得研究、日語課程教材研究、日本近現代作家与作品研究、日本古代作家与作品研究、日本文芸理論、社会語言学研究、日本社会研究、中日関係史研究、日語語言文学専題研討

　これらの授業は、三つのグループに大別されます。一つ目は、学部生の語学学習の授業です。例えば、初級日本語、中級日本語、高級日本語、日本語聴力、日本語口語(1)などの授業です。二つ目は、学部生の専門の授業で、日本概況、日本歴史、日本語概説、日本文学史などの授業です。三つ目は大学院の研究型の授業です。

　その中でも学部生の語学学習の授業が最も多

く、学科の教員が分担して行います。教員自身の研究分野が歴史であっても文学だとしても「聴力（聴解）」の授業を担当することがありますし、口語の授業を担当することもあります。さらに、一つの学期に、同時にいくつか異なるタイプの授業を担当することもよくあります。

専門の授業は、たいてい専門の近い教員がそれぞれの授業を担当します。例えば、文学専攻の教員は文学史を担当し、言語学専攻の教員は日本語概説の授業を担当します。ただし、文学専攻といっても、実際の研究領域は夏目漱石の文学理論や芥川龍之介の歴史物語の構造といったようにかなり限られているので、文学史の授業を担当する場合には、新しく勉強しなければならないことが多いです。

また、社会学専攻の教員がいない場合は、文学専攻の教員も日本の歴史や日本文化の授業を担当することがあります。このように、自分の専門分野以外にも、カリキュラムに応じていろいろな授業を担当することになります。

これまで私が学部で担当した授業には、中級日本語、日本語作文、高級日本語、日本文学史、日本語古文基礎、日本近現代文学選読、論文指導、中日文学比較、中日文化比較などがあります。これらの授業は日本近代文学という私の研究領域を大きく超えているので、内容にしても教授法にしても、はじめから勉強しなければなりませんでした。そのように新しい授業を担当する場合、いつも私は次の2点を心がけてきました。

その一つは、北京師範大学の日本語教育の伝統を尊重することです。私は中国の大学の日本語学科で日本語を学習した経験があるので、中国の日本語学科におけるカリキュラムや教科書や教授法などについてある程度は知っています。しか

し、私が日本語を勉強したのは1980年代ですから、今では外国語学習の環境がずいぶん変わりました。自身の経験のみで現在の学生を教えるのはとても無理です。その上、大学によって日本語教育の伝統も異なっているので、まず北京師範大学の日本語教育の伝統を学ぶことから始めました。

ここでの「伝統」とは、本文の朗読と暗唱を重視するということです。私の場合は、授業での教科書の扱い方や注意事項などを前任の教員から教えてもらいました。例えば、文法の説明に時間を費やすよりも、学生に朗読や暗誦をさせたりすることに重点を置くようにしました。このように、中国の大学にはそれぞれ日本語教育の伝統があり、それにもとづいた教育を行っていくことが大切です。

私が心がけたもう一つのことは、そのような日本語教育の伝統を継承した上で、そこに「+α」をするということです。この「α」というのは、つまり自分の特色です。私の専攻は文学ですから、自分の担当するさまざまな授業に文学の内容を取り入れることで、自分の長所を発揮することができますし、授業もおもしろくなります。例えば、作文の授業では文章作成の基本的なルールを教えますが、それに加えて、学生に小説などを創作させる実践を行いました。学生たちは「書く」ことを楽しんでおり、「書く」ことに対する学習意欲が高まっているようでした。

授業だけでなく、教材開発にもなるべく自分の研究を生かすようにしています。私は長く「日本近現代文学選読」という授業を担当してきましたが、適切な教材がなかなか見つかりませんでした。そこで、同僚と相談して新しい教材を作りました。この新しい教材（王志松・林涛編, 2009,『日本近現代文学選読』外語学習与研究出版社）では、

注1：書籍が多いことのたとえ。

作品の選択や内容の説明に、それまでの授業の経験や研究成果を生かしました。例えば、中国人日本語学習者は日本文学といえば純文学を想像しがちですが、そのような「純文学史観」を打破するために、松本清張の推理小説を本文として取り入れました。

作成した日本近現代文学選読の教材

このような試みは自分の研究と関係があります。日本の推理小説で最初に中国語に翻訳された作品は、1902年黒岩涙香『离魂病』（披髪生訳1902～1903年版）ですが、大規模な翻訳は1970年代末から始まりました。1980年代、松本清張と森村誠一の推理小説は、写実主義文学として高く評価されていました。1980年代末からは、大藪春彦、赤川次郎、山村美紗などの写実主義ではない作品もたくさん翻訳されてきました。

それにともない、大衆文学は写実主義的であるべきという「大衆文学写実主義観」が崩れ、推理小説研究も急速に衰えました。そのような研究動向に反して、実際には推理小説は多くの人に読まれています。このように研究と実態が乖離した現象をどのように説明するかというのは、近代以降に形成されてきた「文学」の概念を問い直すことにつながる重要な問題であり、私はこの問題に取り組んできました。

「選読」に取り入れた松本清張の推理小説には、これらの問題について考えることができる教材的価値があります。このように、教材を考える上でも、研究は重要です。

Q.4　日々の仕事で大変なことや悩みについて教えてください

今の中国の大学の日本語教師にとって一番大きな悩みは研究です。私は特に日本での研究と中国に帰国してからの研究をどのように接続するかということで悩みました。みなさんの中には、私と同じように、大学院を修了した後に帰国して、日本語教師になりたいと考えている人がいるかもしれません。以下においては私の体験を紹介します。

私は、中国に帰国してからの2、3年間、自分の研究の方向性についてずいぶん悩みました。それまで日本語で論文を書いてきましたが、中国語で書いたことはありませんでした。また、自分の書いた日本語の論文を自分で中国語に翻訳することも難しく感じていました。それはなぜだろうと不思議でした。

私の博士論文の研究テーマは夏目漱石です。漱石に関して、日本では研究成果が山ほどあり、まさに「汗牛充棟」注1です。そのような中で何かを研究するとなると、すでにあった研究成果とは異なる問題を見つけなければなりません。そこで私が問題として着目したのは「漱石の文学理論と創作に関する研究」です。

日本の文学研究においては、漱石の文学理論に関して、1970年代までは基本的に否定的でしたが、1970年代から記号論などの観点から捉えなおされ、高く評価されるようになりました。私

は、そのような漱石の文学理論の独自性を探りながら、創作との連続性と非連続性を究明しようとしました。もちろん、このような問題意識は、漱石に関するそれまでの多くの研究をふまえたもので、漱石の研究史の中に位置づけることができました。

一方、このような問題意識は、中国の文学研究において、決して自明なものではありません。夏目漱石の文学理論は1920年代から1930年代に、中国で紹介されたり翻訳されたりして、当時の文壇に影響を与えましたが、1990年代になると、ほとんど忘れられてしまいました。

そのような研究の状況の中で、どのようにして夏目漱石の文学理論を研究課題として取り上げてよいか迷いました。漱石の文学理論とは何か、それ自体がわからないといった中国の文学研究界において、いきなり漱石の文学理論と創作との連続性と非連続性の問題を取り上げるのは場違いのような気もしましたし、事実、そのように見られていました。研究の前提が異なる中国においては、日本の文学研究ではきちんと位置づけられた問題が必ずしも問題として認識されるわけではないということです。自分が書いた日本語の論文を中国語に翻訳しようとしたときに感じる難しさもここにあったのです。

日本で研究していたときは日本の「国文学」研究の枠組みの中で漱石文学を研究していたのですが、中国に帰って漱石文学を「外国文学」として研究するときには、日本では前提とされている部分を補ったり、研究の必要性を説いたりするなど、問題の設定から書き方まで変えなければなりません。中国の大学に就職し、研究を行おうとしたとき、そのような難しさに直面しました。

そこで私は思い切って研究課題を変更して、清末における政治小説の受容や1930年代における新感覚派文学の受容などの中日比較文学を研究するようになりました。研究課題は変わりましたが、問題意識は一貫しています。すなわち、「文学」という概念は決して自明なものではなく、時代やそれぞれの国の事情に即して理解すべきだという問題意識です。このような問題意識のもと、中日比較文学の枠組みを設けることで、ようやく中国で日本文学を研究する立ち位置がとれるようになりました。

留学生のみなさんは、帰国後に私と同じような悩みを抱えるかもしれません。研究に関しては今も悩みが尽きませんが、大学院でしっかりとした研究の基礎を作り上げておけば研究の道は開けていきます。

北京師範大学のシンボルの木鐸

Q.5 日本語教師になってよかったことやうれしかったことについて教えてください

最初に述べたように、私は自分が学んだことや体験した日本文化を学生たちに教えたいと思

い、日本語の教師になりました。体験を伝えることは簡単ではありませんが、苦労して授業案を完成させたとき、また、その授業中に学生たちが、目をキラキラ輝かせて私の話を聞いてくれているときには教師になってよかったと感じます。

また、授業の課題がなかなかできなかった学生が努力してその課題を達成した姿を見るときや卒業生が立派な姿になって母校を訪れてくれたときなど、教師になる前にはわからなかったような喜びを感じる瞬間がたくさんあります。

Q.6　あなたにとって「日本語を教える」とは？

私の担当する授業は、基礎日本語のほかに、日本文学史などもありますから、日本語と日本文化をどちらも教えています。私の考えでは、ことばと文化は別々のものではなく、基礎日本語の授業でも日本文化を教えますし、逆に日本文学史でも日本語を教えなければなりません。例えば、「障子」という語を中国語で「隔扇门」や「拉门」と説明しても中国式や西洋式の扉が連想されるでしょうから、「障子」の写真や絵などを見せないと中国人日本語学習者は理解できません。なぜなら中国には「障子」がないからです。この例からわかるように、日本独自の住居の文化を教えないと「障子」という語も理解できないのです。

日本語と日本文化をいかに教えるかというのは、日本語教育の理念や日本語教育をめぐるさまざまな環境（中日関係の変化やデジタル技術の発達など）と大きく関わっていますので、常に社会情勢や情報に敏感でなければいけませんし、いろいろなことに積極的に挑戦して、常に自分を新しく変えていく心構えを持たなければなりません。

Q.7　これから日本語教師を目指す人に向けてメッセージをお願いします

国際交流基金の調査（『海外の日本語教育の現状—2015年度 日本語教育機関調査より』）では、中国の日本語学習者の3分の2を大学生が占めています。この数字は、見方を変えれば、中国で日本語教育に従事している人の大部分が大学の教師であるということを意味します。したがって、中国で日本語教育を職業としようとすれば、その主な就職先は大学ということになります。

そこで、中国で大学の日本語教師になるには、どのような条件が必要なのかについて考えてみたいと思います。中国の大学で日本語教師になるためには博士の学位と研究業績が求められます。博士の学位は必須条件で、研究業績に関しては地域や大学によってかなりの差がありますが、ここで私の所属する北京師範大学を例にして現在の就職事情について簡単に紹介してみたいと思います。

北京師範大学外国言語文学学院の日文系は、1972年に設立され、毎年学部生を25名、大学院生を10名ほど募集しています。専任教師は10人で、日本人専門家は1人です。

私が留学を終えて帰国した1990年代は博士の学位を持つ人が少なかったため、就職の機会も多くありました。履歴書を出せば面接を受けることができましたが、2000年以後、日本で学位を取得して帰国する留学生が多くなってきたことに加えて、中国国内で学位を取得する人の数も増え、大学の就職事情も大きく変わりました。とはいえ、2010年までは中国の大学の日本語学科が爆発的に発展した時期でもありますので（修, 2011）、全体的には日本語教師の需要が高かったと言えます。

注2：大学の日本語学科数が増えすぎたため、2013年
　頃から再編成されるようになりました。

しかしながら、近年、中国の大学の日本語学科が再編成期に入ったため[注2]、日本語教師の需要が少しずつ減少しています。それに加えて、グローバル化を背景に、大学間の競争力を強化させるために，各大学では新しい人事制度が次々に導入されてきたので、就職のハードルが年々高くなっています。北京師範大学の場合も、人事の採用システムは、5年前と比べて大きな変化がありました。5年前まで学位を持つ人は直接、職に就くことができましたが、現在は別の大学で副教授以上の肩書を持つ人でなければ北京師範大学に就職することはできません。

学位を取得して、大学への就職を希望する人は、まず「教職ポストドクター・コース」に入ることからスタートします。「教職ポストドクター・コース」というのは、大学に就職する資格を取るために授業などの教育活動を実践しながら研究するという制度です。期間は2年間です。「教職ポストドクター・コース」を修了した後、大学が要求する条件を満たしていることが認定されてはじめて大学の教師になることができます。大学が要求する条件について、北京師範大学では今のところまだ流動的な部分もありますが、例えば、査読つきの学術誌に論文が2本掲載されていることや「省部級以上の科研費」を獲得していることなどが挙げられます。

中国ではこれから大学間の競争が一層激しくなることが予想されます。それにともなって、教師に対する研究業績の要求も一層高くなると思われます。すなわち、上に述べたような採用システムは、北京師範大学のような世界のトップクラスを目指す大学に限らず、他の大学にも広がっていくものと思われます。こうした動きに対して疑問や批判がないわけではありませんが、簡単に変え

られるものではないというのもまた実情だと言わざるを得ません。

最後に、日本語教育の実践と理論の勉強も大事だということを強調しておきたいと思います。中国では大学の日本語教師になるには、日本語教育の能力よりもまず研究能力が求められるというのが現実ですが、日本語教育の基本的な知識や技能を身につけているかどうかは就職の面接でも問われますし、何より、就職してから始まる長い教員人生の土台になります。

参考文献

修剛 (2011)．「转型期的中国高校日语专业教育的几点思考」『日语学习与研究』(4)，pp1-6.

（王志松）
北京師範大学外国文学言語学院日文系教授。趣味は映画を見ることですが、おもしろい映画が少ないので、実際に映画館へ行くのは年に3・4回しかありません。最近見たのは是枝裕和監督の『万引き家族』。大好きです。

人を育てる仕事
~韓国で日本語を教える~

Q.1 日本語教育に興味を持ったきっかけは何ですか？

　私は高校のときから言語に興味があり、国語（韓国語）、英語、日本語などの科目が好きで、得意でした。それで、大学で日本語を専攻するようになりました。大学院に入ってから、専門を生かして、一般の社会人が外国語を学ぶ塾で日本語を教えたのがはじめての仕事でした。塾で日本語を教えながら、「知っていることと教えるのは別の問題である」ということに気づき、日本語教育に興味を持ちはじめました。

Q.2 日本語教師になるまでの歩みはどのようなものでしたか？

　私は韓国の京畿道加平郡にある小さな高校を卒業して、1986年、ソウルにある東国大学の日語日文学科に入学しました。1年生の頃、日本語の系統に関するある先生の講義を聞いていたときに、私も将来、日本語を研究する大学の教授になりたいという夢を持ちはじめました。韓国の男性は兵役の義務があるので、同期生のほとんどは2年生を終えて軍隊に行きましたが、私は大学院の修士課程まで学業を続けました。
　1992年に修士号を取得し、陸軍士官学校の教授要員として3年間、日本語を教えました。その後、文部省（当時）の国費招請留学生に選ばれ、1996年に広島大学に留学しました。1年間の研究生の後、1997年に大学院教育学研究科の日本言語文化教育学専攻の博士課程後期に入りました。その後、2001年に「日韓漢字音体系の比較研究」という博士論文で博士の学位を取得しました。

　韓国に帰国してからの1年間は非常勤講師として生活しました。翌年の2002年に母校である東国大学の日語日文学科の常勤講師になり、今日まで学生たちに日本語を教えています。

Q.3 今の仕事について教えてください

　私は大学で教えていますが、それに至る中学・高校における日本語教育について、まずは紹介します。

【中学・高校の日本語教育】
　韓国の高校で日本語教育が実施されたのは1973年で、高校に「第二外国語」として「日本語」が追加されるようになってからです。
　1990年代から2000年代までは、日本語は韓国社会でとても人気があり、2010年には、60万人を超える高校生が日本語を選択していました。これは、韓国国内における日本語学習者数の68％にあたるとともに、世界の日本語学習者数の20％に該当する驚くべき数値です。
　2001年には高校において、「日本語」を選択する学生がそれまで一番人気があったドイツ語を上回っていました。その後の10年間で1,000人以上の日本語教師が増員され、2010年度には、中学・高校の日本語教師数は2,025人でした。
　しかし、2010年頃からはその人気を中国語に奪われています。「第二外国語」として「中国語」を選択する学生が増え、日本語教師が過剰供給状態に陥り、日本語教師の採用は急減しています。急減というよりは、休止している状態と言ってよいでしょう。
　高校の教育課程では、「情報」「漢文」「第二外国語」が「生活・教養群」の中に編成されており、

注 1：人文科学、社会科学、自然科学などの総合的な観点から地域について研究する学問。

「第二外国語」の中には日本語、中国語、ドイツ語、フランス語、ロシア語、スペイン語、アラブ語、ベトナム語などがあります。ソウル市内 317 カ所の高校における 2015 年度の「第二外国語」の編成は、日本語が 271 校、中国語が 228 校、フランス語が 45 校、ドイツ語が 33 校、スペイン語が 8 校でした。開設されている学校数は中国語より日本語のほうが多いのですが、その人気は奪われつつあります。なお、合計の数字が学校数（317 校）を上回っているのは、学校ごとに、学級数によって二つ以内の外国語が編成できるようになっているためです。

高校入学以前の中学の教育課程では、「進路と職業」「漢文」「情報および第二外国語」の中から、学校が自律的に一つの科目を選択できるようになっています。「第二外国語」には日本語、中国語、フランス語、スペイン語などがあります。

ソウル市内 384 カ所の中学校における 2015年度の「第二外国語」の編成は、中国語が 164 校、日本語が 100 校、フランス語とスペイン語が各 2校でした。中学校では中国語のほうが人気がありますが、中国語以外の外国語と比べると、日本語も依然として人気があると言えるでしょう。

ソウル市内の中学・高校における 2015 年度の第二外国語教師数は、日本語が 443 名、中国語が 363 名、フランス語が 42 名、ドイツ語が 29 名、スペイン語が 13 名、ロシア語が 1 名でした。高校では日本語教師のほうが多いのですが、中学では中国語教師のほうが多く、もうすぐ高校でも逆転されるのではないかと思われます。

【大学の日本語教育】

次に、韓国の大学における日本語教育について紹介します。1961 年、韓国外国語大学に日本語科が設立されたのがはじめてで、翌年の 1962年には国際大に日語日文学科が設立されました。その後、1973 年には、清州大、啓明大、誠信女子大、詳明女子大に、1974 年には、建国大に日語教育学科が設立されました。これは大学入試に「第二外国語」として「日本語」が追加された影響であったと考えられます。

さらに、1980 年代前半には、釜山大 (1980)、東国大 (1981)、中央大 (1981)、漢陽大 (1981)、全南大 (1981)、高麗大 (1983)、全北大 (1985)、慶北大 (1985)、忠南大 (1987) など、全国の大学に日本語や日本文学関連の学科が急増しました。

1990 年代に入ってからは、既存の語学や文学中心の学問分野に地域学[注1]の概念を取り入れる風潮と相まって、崇実大 (1995)、大真大 (1995)、韓国放送通信大 (1997)、淑明女子大 (1998)、江原大 (1998) など、日本学関連の学科が新設されました。2013 年には、全国 387 大学のうち、106 大学に 日本語・日本文学・日本学関連の学科が設置されています。

【東国大学の紹介】

私が勤めている東国大学は、ソウル市中区筆洞にあります。近くには、日本人にも馴染みのある明洞、南大門市場、東大門市場、新羅ホテルなどがあり、大学の後ろには南山があります。ソウルの真ん中に位置している大学と言えるでしょう。

東国大学は、1906 年に明進学校という名前で設立された仏教宗立大学で、2018 年現在、創立112 周年を迎えています。韓国で有名な作家・俳優などを数多く産み出している韓国の人文・芸術分野の産室であると言っても過言ではありません。そのため、学生の中にお坊さんがいたり、テレビで見る有名なアイドルがいたりします。他の

大学では見られないクラスの風景です。
　私が教鞭をとっている日本学科は1981年に設立され、2018年で創立37周年になります。今年から学科名が「日語日文学科」から「日本学科」に変更され、現在、語学が2名、文学が2名、日本学が1名、ネイティブ教員が1名の合計6名の教員がいます。学科の入学定員は30名です。
　大学院には日本語・日本文学専攻の修士課程・博士課程があり、その他、教育大学院に日本語教育専攻の修士課程があります。大学院には、留学生も多数在籍しています。その多くは中国からの留学生ですが、日本からの留学生もいます。

日本学科の先生方や学生たちと

　2018年度の日本学科のカリキュラムは以下のとおりです。

対象	学期	教科目名
1年生	1	初級日本語
1年生	2	日韓言語コミュニケーション
留学生	1	外国人のための初級日本語会話
留学生	2	外国人のための初級日本語作文
2年生	1	中級日本語文法
2年生	1	中級日本語会話
2年生	1	映像日本文学
2年生	1	ビジネス日本語
2年生	2	高級日本語文法
2年生	2	高級日本語作文
2年生	2	日本近代小説入門
2年生	2	日本学概論
2年生	2	日本経済入門
3・4年生	1	日本語学概論
3・4年生	1	日本語表現論
3・4年生	1	日本近代文学入門
3・4年生	1	日本漢字音
3・4年生	1	日本文学概論
3・4年生	1	日本文化の理解
3・4年生	1	日本近現代企業史
3・4年生	2	日本文学史
3・4年生	2	日本近代文学講読
3・4年生	2	日本語史
3・4年生	2	日韓比較文学
3・4年生	2	日韓対照言語学入門
3・4年生	2	日本貿易実務

　この表のように、「外国人のための初級日本語会話」と「外国人のための初級日本語作文」という留学生のための科目が開設されているのが他の大学のカリキュラムと異なるところですが、これは最近、中国からの留学生が増えている現状を反映した結果です。
　また、「ビジネス日本語」「日本経済入門」「日本近現代企業史」「日本貿易実務」などは、「日語日文学科」から「日本学科」へと生まれ変わったことにより、変更・新設された科目です。

注2：中国語から伝わってきた時代や定着の仕方によって、呉音（遣唐使以前）、唐音（鎌倉時代以降）、慣用音（言い換えられて定着した音）など、さまざまな漢字音があります。

【教育活動】

先に挙げた学部のカリキュラムの中で、私は前期に「日本語学概論」と「日本漢字音」を、後期に「日韓言語コミュニケーション」と「日本語史」を担当しています。「日本漢字音」という授業は、おそらく韓国の大学におけるカリキュラムの中でも唯一のものであると思われます。これは韓国漢字音の母胎である中国中古音と日韓の漢字音とを比較・対照しながら、その対応関係を利用して日本漢字音を学習するという授業です。

その他、教育大学院では、年1回、「日本語学概論」「日本語史」などを、一般大学院では、「日本語史」「日本語音韻史」「日本漢字音」などに関する講義を担当しています。

私は、日本漢字音を研究していますので、主に日本漢字音の研究を行う学生を指導してきました。これまで約30名の修士、6名の博士を指導しました。私が指導した学生の博士論文は以下のとおりです。

宋在漢（2012）.「日本呉音の音韻体系研究」
崔志守（2014）.「韓国漢字音の母胎に関する研究
　　―日本漢字音との比較を中心に―」
李相怡（2015）.「韓国・日本・ベトナム漢字音の
　　音韻体系比較研究」
河素偵（2015）.「上代日本語借字表記の声韻学的
　　研究」
金大映（2015）.「日韓両国語の外来語表記に関す
　　る研究」
白恵英（2015）.「漢和辞書の字音規定に関する
　　研究」

現在は、二人の学生が博士論文を準備しています。一人は日本からの留学生で、「日本語外来語表記法」について研究しています。もう一人は「唐音と宋音との韻類体系の比較研究」について研究を進めています。

【研究活動】

先にも述べたように、私の主な研究分野は日本漢字音です。博士課程では、主に『仏母大孔雀経』諸本における漢音を研究しましたが、現在は、その分野を広げて、日本の呉音、唐音、慣用音注2、日本語音韻史、現代漢和辞書の漢字音、室町・江戸時代の韻書、韓国漢字音、ベトナム漢字音、中国中古音などを研究しています。

著書には、『日韓漢字音体系の比較研究』（2003）、『佛母大孔雀明王経字音研究』（2006）、『日本漢字音の理解』（2013）などがあり、論文は、主に漢字音に関する研究について100篇ほど執筆しています。

Q.4　日々の仕事で大変なことや悩みについて教えてください

韓国は少子化の影響で、2010年に比べて2020年には大学の受験生が半分にまで減ると予想されています。そのため、韓国政府は、10年前から「大学評価」および「学問分野別評価」を通じて、大学のリストラを進めてきました。

大学のリストラは、3段階に分けて大学定員16万人の減員を目指しています。第1段階として、2016年までに4万人がすでに減員されています。第2段階として、2019年までに5万人、第3段階として、2022年までに7万人の減員を予定しています。政府による大学リストラは、「大学評価」および「学問分野別評価」に基づいていますが、その評価の最も大きな要素となるのが、

学生の就業率と教員の研究業績です。このような評価に一番弱いのは、やはり人文学分野で、日本語文学関連の学科もその対象になっています。

今も、学期ごとに日本語文学関連の学科がなくなったり、他の学科と併合されたりしている状況です。東国大学の「日語日文学科」が「日本学科」に変更されたことも、このようなリストラにおける一連の過程であると言えます。

Q.5 日本語教師になってよかったことやうれしかったことについて教えてください

1年生のときにはひらがなの「あ」も知らなかった学生が日を追うごとに成長し、卒業するときには、日本語や日本文学に精通するほど成長します。その姿を毎年見守りながら、教育者としてのやりがいを感じています。また、博士号を取った私の学生が同じ学科の日本人の教員と結婚して、二人とも日本語教師としての人生を一緒に歩んでいくことになりました。これも最近うれしかったことの一つです。

これ以外にも、卒業生がさまざまな分野で活躍していることを見るのも大きな喜びです。特に、日本語教師や日本語の研究者になって活躍するのを見ると人生のやりがいを感じます。

Q.6 あなたにとって「日本語を教える」とは？

日本語を教えていると、学生の質問から大事なことを考えさせられたり教わったりすることが多くあります。例えば、以下のような質問を学生から受けました。

○「私は学生です」の「は」はなぜ「wa」と読むのですか。
○韓国語では「이것저것（これあれ）」なのに日本語ではなぜ「あれこれ」と言うのですか。
○なぜ日本語では「明日は天気がいいそうです」と言えないのですか。
○なぜ「負け嫌い」ではなくて「負けず嫌い」になりますか。

これらの質問に答えるために、関連した研究書を読んでみたりいろいろ考えてみたりしました。

学生は何かを学ぶとき、常に「なぜそうなのか」ということを考えていますので、教える立場としても、教える内容について、授業の前に「なぜそうなのか」「どう教えたらよいのか」を考えながら準備する姿勢が必要です。自分は知っているつもりでも、知っていることと教えることとは別の問題ですので、油断は禁物です。

また、私が指導する学生の多くは卒業後に企業で働きますので、学生に日本語能力を向上させるとともに社会人としての素養を育てることも大事です。

さらに、「論語」に載っている君子の三楽の第一楽が「立派な弟子を得ること」であるように、日本語を教える立場として生きていく私にとっては、私より優れた日本語研究者の弟子を育てるのが人生の目標です。それが私にとっての「日本語を教える意味」です。特に、私は日本漢字音の研究者ですので、日本漢字音の分野で活躍できる研究者を育成するのが第一の目標です。

Q.7 これから日本語教師を目指す人に向けてメッセージをお願いします

みなさんの多くは、将来、日本語を教える仕事に就くことを希望していると思います。日本語を教えるときには、ニーズ分析、シラバス、カリキュラムデザインなどについて考える必要がありますが、それ以前に、学ぼうとする人の成長環境や言語能力などについて把握しておく必要があります。ほかの文化環境で、ほかの言語を母語として生活してきた人に日本語を教えるためには、まず、学習者が生活してきた国の文化・社会的環境・言語などを、教師自身が知っておく必要があるということです。例えば、韓国人日本語学習者は「その荷物を持ってあげましょうか」という恩着せがましく聞こえる表現をよく使います。これは、韓国語の「드리다（あげる）」には「恩恵」の意味が日本語ほど含まれていないためであると考えられます。このように、外国人に日本語を教えるためには、日本語や日本文化に関する知識のみならず、外国の言語や文化についても学んでおく必要があります。

日本語と韓国語は、非常に類似しています。日本語と韓国語には、「語順が同じSOVの構造で、文法体系が類似している」「待遇表現やオノマトペが発達している」「漢語の使用率が高い」など多くの共通点があります。これは長い歴史の中で日本語と韓国語とが互いに影響を及ぼした結果であると考えられます。また、日本語における母音体系の成立と仮名の作成には渡来人による影響がうかがえます。日本の植民地時代に韓国は甚大な被害を受けましたが、日本によって近代化が成し遂げられたのも事実です。現在、韓国語で使われている近代に成立した学術用語のほとんどが日本から伝わったものです。さらに、ルース・ベネディクトが『菊と刀』で最も日本的であると述べていることは、韓国にもあてはまることであると感じています。このように、韓国と日本とは、その民族の構成をはじめ、歴史・文化的に密接な関係にあるのはもちろん、両言語も最も密接な関係にあると言えます。森の中にいたら山の姿が見えないように、日本語や日本文化をほかの言語や文化と比較してみると、日本語や日本文化の特徴がさらに見えてくると思います。

海外に目を向けましょう。そのために、まずは一つ、外国語を身につけましょう。私はそのスタートを切る外国語として韓国語を勧めます。

参考文献

酒井真弓 (2010).「韓国における高等学校日本語教育の実体」『日本語教育研究』第18輯、韓国日語教育学会、pp.81-102.

趙南星 (2010).「韓国における日本語教育の変化 ―日語日文学科の教科課程を中心に―」『日本語教育研究』第18輯、韓国日語教育学会、pp.1-20.

尹鎬淑 (2014).「韓国における日本関連大学院の現況及び展望」『日本語・日本学研究』第4号、東京外国語大学日本学研究所、pp.1-20.

ソウル市教育庁ウェブサイト http://www.sen.go.kr

（李京哲）

東国大学日本学科教授・学科長。韓日言語学会会長。趣味はゴルフで、最近、韓国ではスクリーンゴルフという室内ゴルフゲームがはやっていてフィールドに行けない冬には最適の遊び場になっています。研究は室町・江戸時代の韻書、食べ物は羊の串焼にはまっています。

学生をエンカレッジする仕事
～タイの大学で日本語を教える～

Q.1 日本語教育に興味を持ったきっかけは何ですか？

　私は中学生の頃から英語が好きで、将来は英語の教師や通訳者になりたいと思っていました。高校に入ってからもその気持ちは変わらず、英語の勉強に力を入れました。

　ちょうど高校2年生の頃、ドイツ人の学生が留学生として私の高校にやってきました。クラスが隣だったこともあり、私は彼と仲よくなりました。彼は1年間の留学中、積極的に日本語や日本文化を吸収しようとしていて、私にいろいろ質問をしてきました。実際にどんな質問をされたのかは忘れてしまいましたが、日本語の文法や表現についてだったと思います。「これとこれはどう違うのか」とか、「どうしてこの表現は使えないのか」とか。もちろんうまく答えられませんでした。

　そのとき、自分は日本人なのに、母語である日本語について、うまく説明できないことに衝撃を受けました。それと同時に「外国人に日本語を教えるのはおもしろい」と思いました。日本語教師なら、自分が好きな英語も生かせると考え、次第に興味を持っていきました。

Q.2 日本語教師になるまでの歩みはどのようなものでしたか？

　高校2年生ぐらいで日本語教師という仕事に興味を持った私ですが、実はその頃の苦手科目は国語で、落第点を取ったこともあるぐらいでした。一方で英語は得意科目。国語が苦手なのに、日本語教師になれるのか悩みましたが、日本語教育関連の本を読みはじめると、日本語を外国語として捉える視点が大事だということがわかりました。そうだとしたら、英語を教えることと変わらないと思い、ますます日本語教師という仕事にひかれていきました。

　ここまでくれば、迷いはありません。志望大学は日本語教育が学べるところに絞り、結果、日本語教育学専攻を有する大学に進学しました。

　在学中は、将来海外で日本語教師になりたいという気持ちを持ち、専門の授業に積極的に出ました。大学3年生の夏休みには、大学が実施していた海外日本語教育実習に参加し、ニュージーランドの高校で3週間ほど実際に日本語を教える経験もしました。

　卒業が近づくにつれて、卒業後の進路を日本語教師から国語教師や一般企業に変える同級生も出てきました。それは、日本語教師で食べていくのは大変だからという理由もあったのだと思います。

　しかし、私はそのことにあまり固執しませんでした。どうして気にしなかったのか、今でもその理由はわかりません。「何とかなるんじゃない」と楽観的に考えて、とにかく給料だけで生活できるという条件で、海外の日本語教師のポストを探しました。

　ときどき、大学の掲示板に海外の日本語教師の募集のお知らせが貼られていましたが、そのポストの給料は安く、生活するには足りない額でした。それはそれで日本語教師としての経験もできるので、よいかなとも思っていましたが、そんなとき、偶然タイの大学で教える話が舞い込んできました。

　大学4年生になる頃、たまたま高校時代の同窓会に参加しました。友だちの一人が大学を卒業後、タイへ日本語を教えに行くということを知り、

注1：高床式の一軒家（写真）で、客間と居間が一部屋ずつと寝室が二部屋ありました。あとは台所と浴室。家族用の宿舎ですが、独身の教員が2名でシェアすることもありました。私の場合は一人で使用しました。

注2：タイの教育システムは日本と同じく、小学校6年、中学校3年、高校3年、大学4年の6-3-3-4制で、義務教育は中学校までの9年間です。

その経緯を教えてもらいました。当時、京都教育大学で教育行政学を教えていた堀内孜先生が、個人的にタイの大学に卒業生を派遣していて、友だちはそのプログラムでタイへ行くということでした。待遇を聞くと、給料はその当時で2万4千円ぐらい（今考えると、とても安い！）。ですが、大学の教員宿舎[注1]が無料で提供され、光熱費も無料なので、ぜいたくをしなければ、給料だけで十分に生活できるということでした。タイの物価を考えると、これなら給料だけでやっていけそうだとわかり、堀内先生の連絡先を教えてもらいました。先生に手紙を出すと、すぐに返事をくださり、「君のような日本語教育を専門で勉強した人がタイに行ってくれるなら、うれしい」と、他大学に在籍していた私を歓迎してくださいました。

このような不思議なつながりがあって、大学卒業後の仕事が決まりました。

このポストに出会う前、私はタイにまったく関心がありませんでした。どんな国か、どんなことばが使われているのか、どんな気候なのか、とにかく何も知りませんでした。タイに対してプラスでもなく、マイナスでもなく、フラットな感情を持っていました。今考えると、それがよかったのかもしれません。

何も知らない国で日本語教師のキャリアをスタートさせるなんて、不安だらけです。振り返ると、不安もあったかと思いますが、私の場合、好奇心のほうが勝っていました。とにかく海外で日本語を教えてみたいと思っていたのです。

以前に生活していた教員宿舎

Q.3　今の仕事について教えてください

不思議な縁で、タイで日本語教師デビューして以来、現在に至るまでタイで日本語を教えています。今の仕事について触れる前に、タイの日本語教育について紹介します。

国際交流基金（2017）によると、タイにおける日本語学習者数は173,817人、機関数は606機関、教師数は1,911人です。学習者数に注目すると、中国、インドネシア、韓国、オーストラリア、台湾に次いで、世界で6番目に多いです。また、3年前の調査結果と比べると、学習者数、機関数、教師数のすべてが30％を超えて増えています。

これらのことから、タイは、世界的に見ても、日本語教育が盛んな国だと言えます。

タイの日本語学習者をもう少し詳しく見ていきたいと思います。図1は、学習者を教育段階別[注2]に分けてその割合を表したグラフです。タイの日本語学習者の大半は、中等教育機関の学生、つまり中学生・高校生です。

注3：第二外国語として、フランス語、ドイツ語、日本語、中国語、アラビア語、パーリ語、韓国語などが教えられています。

注4：日本語の学習経験がなく、日本語の知識や能力が「ゼロ」のレベルから学習をスタートさせる初級のこと。

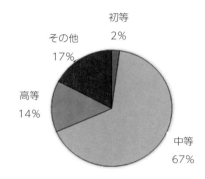

図1：教育段階別学習者の割合

ここで、中等教育段階の学習者の割合を世界的に見てみましょう。世界の日本語学習者3,655,024人のうち、中等教育段階の割合は47.3%を占めています。一方、東南アジアの学習者に絞ってみると、その割合は78.2%となっています。

このことから、タイの日本語学習者は、中等教育段階の学習者が多く、それは、東南アジアの日本語学習者の傾向と一致していると言えます。

上で述べたように、タイは日本語教育が盛んな国です。そして、特に中学校や高校で日本語が学ばれています。学習者数、機関数、教師数が増加した背景について、国際交流基金（2017）では三つの点が挙げられています。

一つ目は「良好な経済関係を背景に日系企業への就業機会を視野に入れて日本語を学ぶ人が多い」とあります。これは、特に大学生が日本語を学ぶ理由の一つでもあります。日系企業で日本語の通訳者として活躍すれば、高給がもらえるので、企業通訳は大学卒業後の進路として人気があります。保護者や高校の進路指導の先生に日本語の学習を勧められて、大学で日本語を専攻することにしたという学生にもしばしば会います。

二つ目の背景は「2013年に訪日観光客を対象にビザ免除措置が認められた影響で日本への渡航者数が大幅に増加」していることです。タイでは長年マンガ・アニメを中心とした日本のポップカルチャーの人気があって、それが日本語学習の動機になっていました。それに加え、気軽に日本へ旅行に行けることになって、タイ人の日本への関心がより高まっているということなのでしょう。

三つ目に、中等教育における学習者数の拡大の背景として、「タイ教育省が2010年から中等教育機関の教育レベルを国際化に対応できる水準にすることを目的に取り組んでいるWorld Class Standard School (WCSS)の第二外国語[注3]の拡充施策が寄与している」ことが挙げられています。

次に、私が現在働いている大学について紹介します。現在私が勤務しているナレースワン大学は、タイのピサヌローク県にある国立の総合大学です。ピサヌロークはバンコクとチェンマイのほぼ中間に位置していて、世界遺産のスコータイ歴史公園があるスコータイ県の隣の県です。

日本語講座は人文学部東洋言語学科に属していて、主専攻コース、副専攻コース、選択科目を開講しています。東洋言語学科には、ほかに韓国語、中国語、ミャンマー語の主専攻があります。

外国人教師は1学期に週15時間以上授業を担当することが求められています。1科目の授業時間は週4時間で、そうすると4科目ぐらい担当することになります。ただ、同じ科目を2グループ担当する場合もあるので、1学期に大体2、3科目担当しています。

私がよく担当しているのは、「日本語音声学」「日本語教授法」「中級会話・聴解」「中級読解」です。年によっては、ゼロ初級[注4]のクラスを担当することもあります。また、2017年度からは「日タイ・

注5:聞こえた音声を、すぐに真似して言う練習。例えば、ニュースの音源があったとして、ニュースを聞きながら、その音声を追いかけるように復唱していく練習で、音声は途中で停止させません。母語なら比較的たやすくできますが、外国語でやるとなかなか難しいです。

タイ日通訳」の科目も担当することになりました。

学期が始まる前には、所定の書式にしたがって授業計画書を作成し、大学に提出します。この書式は、教育省が定めた「タイ高等教育資格枠組み (Thai Qualifications Framework for Higher Education : TQF)」に準拠したものです。その枠組みでは、専門的な知識（例えば、日本語・日本文化に関する知識）だけではなく、「倫理的思考・道徳的価値観」「応用力・問題解決力」「対人関係能力・責任感」「分析力・コミュニケーション力・情報活用力」のような実社会で必要とされるスキルも養成できる学習内容が期待されています。

学期終了後には、授業が計画どおりに行われたか、問題はなかったかを振り返り、次回に向けての改善点を記すレポートも大学に提出しなければなりません。

このように授業は PDCA サイクル（計画→実行→評価→改善）で行うことが求められています。

週16時間前後の授業以外にもさまざまな仕事があります。

まず、授業時間外の練習や小テストです。一対一で発音練習をしたり、学生からのインタビューに答えたりします。それから、シャドーイング注5の小テストを実施したりします。ある程度、曜日と時間を指定しておきますが、その時間は学生がひっきりなしに訪ねてきます。

週4時間のオフィスアワーを設けることになっていて、その時間はなるべく研究室にいます。もちろんオフィスアワーと関係なく学生が来るのも歓迎しているので、研究室にいるときは、ドアを常に開けっぱなしにしています。

次に、会議です。日本語講座の会議はほぼ月1回あります。予算の使い道を相談したり、科目の担当者を決めたりと、講座運営に関わることを話し合います。タイ語がわからない日本人教師もいるので、会議は日本語で行われます。

私は、数年前から日本語講座の中心メンバーとして、講座運営に携わる委員になったので、講座の全体会議とは別に、月1回ぐらいのペースで、この委員会の会議に参加しています。この会議では、カリキュラム策定をしたり、教育の質的保証の一環として自己評価をしたりしています。

会議のほかには、近隣の高校の日本関連のイベントに参加して、日本語スピーチコンテストの審査員をやったり、おりがみや風呂敷の包み方、書道など日本文化を紹介したりすることもあります。

また、大学の仕事の一つとして、研修やセミナーに参加して、自己研鑽することが求められています。大学で実施される研修や学外の学会・研修に積極的に参加します。

日本語を教えていると、日々いろいろな壁にぶちあたることもあります。そんなときには同僚に相談することもありますし、このような学外の研修に参加したときに、他校の先生と話をしたりすることも大変有意義です。タイの場合、首都バンコクに国際交流基金の日本文化センターがあり、年に数回、日本語教育セミナーが実施されています。そのようなセミナーに参加することで、新しいネットワークもできますし、最新の情報も入手できて、よい自己研鑽の場になっています。

最後に、企業研修に行っている学生の研修先を訪問して、担当者と意見交換し、学生の様子を見てくるという仕事もあります。卒業生がどんな仕事をしていて、どんな日本語が必要なのか、どんな人材が求められているのかを知る機会になります。企業研修視察の仕事は県外に行くことが多く、その場合は大学から出張費をもらって、出張

注6：村上吉文氏は、このような学習者を「冒険家」と呼び、このような学習方法を「冒険家メソッド」と呼んでいます。氏のブログ『むらログ』(http://mongolia.seesaa.net/) には「冒険家」へのインタビュー記事がいくつか掲載されています。「冒険家メソッド」については、村上 (2018) を参照のこと。

します。

このように見ていくと、外国人教師とはいえ、授業以外の仕事もいろいろあります。現在勤務している大学では、毎年教師の勤務評価がなされています。外国人教師の場合、仕事に関しては、「授業」が60％、「研究」が15％、「内外への学術サービス」が10％、「大学や学部への貢献度」が10％、「自己研鑽」が5％で評価されます。この評価内容によって、契約の延長や昇給などが決まります。

「授業」の割合が高いことから、授業さえしっかりやっていれば、毎年契約を更新し、長期的に教えることができます。

ただ、今後は教えながら研究をすることが求められてきます。特にタイ人教員は研究するように、かなりプレッシャーを与えられているようです。外国人教師の場合も、研究をして業績を残していけば、助教授（Assistant Professor）や准教授（Associate Professor）になれます。

Q.4 日々の仕事で大変なことや悩みについて教えてください

日々の仕事で特に大変に思うことや大きな悩みはありませんが、あえて挙げるとすれば、学部からの予算が限られているので、教員が共有で使う教材、参考書、研究書が買えないのはつらいです。欲しければ自分で買うしかありませんが、タイの物価を考えると日本の書籍はかなり高価です。新しい情報にアクセスするのに時間とお金がかかることに、多少の不便さを感じています。

あとは、日本人の教員に欠員が出たとき、後任を探すのが大変です。日本語教育学関連で修士号を持っていることが応募の最低条件ということ

もあってか、なかなか応募が来ません。特に、若い世代からの応募がありません。応募資格が厳しいかと思いますが、1年だけでも2年だけでもよいので、ぜひ教えにきてほしいです。

最後に、これは悩みと言えるかどうかわかりませんが、「どうしたら学習者の日本語能力を伸ばすことができるのか」「教師の役割は何か」を日々考えています。

インターネットの発達によって、世界中どこにいても日本語のリソースに簡単にアクセスできる社会になりました。そして、このようなリソースで日本語を学習する人が増えています。ある国では、日本語教育機関で勉強したことがなくて、しかも、日本人と話したことがなくて、インターネットでアニメを見て独習した人が、日本語スピーチコンテストで優勝したそうです。

このような新しいスタイルで勉強した日本語学習者[注6]の存在を知ると、学生が学校で日本語を学ぶことにはどんな意味があるのか、逆に、教師が学校で教えるということにはどんな意味があるのか、考えさせられます。「どうしたら学習者の日本語能力を伸ばすことができるのか」、試行錯誤の毎日です。

Q.5 日本語教師になってよかったことやうれしかったことについて教えてください

月並みですが、教え子が卒業後に活躍しているという話を聞くと、うれしくなります。タイでは、日本語能力を生かした仕事に就いた場合、たいてい給料も高く、教員のそれをはるかに超えてしまうぐらいです。経済的に安定し、家を建てた

り、車を買ったり、また、親に仕送りをしたりする教え子に対して、「一生懸命日本語を勉強してきてよかったね」と心の中でつぶやいています。日本語を使わない仕事であっても、それぞれの分野で活躍しているのを知ると、偉いなと感心します。

ところで、日本人が海外で日本語教師として働く場合、主な仕事は授業をすることだと思います。現地の教師のように事務的な仕事はほとんどありません。ですから、教えることに専念できるというのはとても幸せなことです。また、会社のように明確に上司・部下の関係がないので、自分の仕事をある程度自由にマネージメントできるのもよい点です。今の職場では、授業さえしっかりやっていれば、勤務時間はかなりフレックスで大丈夫です。残業するかしないかも、自分次第です。

それから、現在の勤務大学に限って言えば、学期休みに長期で有給休暇を取ることができます。1年のうち10カ月はタイで仕事をして、2カ月は有給で日本へ一時帰国することもできます。

Q.6 あなたにとって「日本語を教える」とは？

この質問に答えるにあたり、少し脱線するかもしれませんが、昔話をさせてください。

私が日本語教師のキャリアをスタートさせたのは、隣国ラオスに近いタイの田舎町にある大学でした。1995年のことです。

英語専攻の学生を中心に選択科目として、まさにゼロから日本語を教えました。学生の学習動機はさまざまで、やる気のある人もいれば、仕方なしに勉強する人もいました。

現在の研究室（ひな人形が飾ってあります）

日本語だけを使って教える直接法は、うまくいかず、下手な英語を交えて授業を進めました。1回の授業は3時間連続で、しかも冷房のない蒸し暑い教室の中で、だんだんだらけていく学生も多く見られました。

当時、大学内に教材作成時に使えるコピー機はありませんでした。学生に配る資料は、緑色の原紙に鉄筆を使って手書きで原稿を作って、輪転機でわら半紙に印刷していました。日本から持ってきたワープロ専用機はまったく役に立ちませんでした。

当時はまだインターネットも普及しておらず、日本のニュースは親から毎月郵送してもらっていた『月刊新聞ダイジェスト』（新聞ダイジェスト社）を読んだり、雑音ばかりのNHKの短波放送を聞いたりするぐらいでした。そして、日本にいる家族や友だちとの連絡は主に手紙でした。

晩ごはんを食べにレストランに行ってメニューを見ましたが、文字が読めないので、リストの上から毎日順番に注文してみました。

このように仕事の面でも、生活の面でも、今

考えると大変なことが本当にたくさんありました。でも、一方で日本語教師としてのやりがい、楽しさを感じていました。だからこそ、こんなに不便で、自分の思いどおりにすべていかない環境でも約2年間教え、そして、その後もタイで日本語教師を続けることになったのです。私が教師という仕事にやりがいを感じ、続けていきたいと思ったのには、この田舎の大学で出会った一人の教師の存在が大きいです。

その人は定年間近の英語教師でした。日本語は自分で勉強し、その後バンコクの国際交流基金の研修などに参加してブラッシュアップしてきたそうです。そして、英語を教えながら、初級レベルの日本語も少し教えていました。とはいえ、本当に簡単な日本語しかできず、普段のコミュニケーションは英語でしていました。

ある日、この先生に「私の教え子で日本語が話せる人がいるから会いに行こう」と誘われました。タイ東北地方独特の赤土の道を通り、水田に囲まれた田舎の高床式の家に着きました。そこで出迎えてくれた人は、本当に日本語が上手で、日本語に飢えていた私はその人との会話を楽しみました。

その人の家を出て、帰宅する車の中で、先生がこう言いました。

「あの子は本当に日本語が上手だろう？　私は日本語がぜんぜんうまくないけど、こんなに優秀な教え子を育てることができて本当にうれしいし、誇りに思うんだ。教師の仕事は、学生の能力を引き出し、励ましつづけることなんだよ」

教え子が自分の能力を超えていくことに、恥ずかしさや嫉妬心を持つことなく、逆にそれを喜びと感じていることに、ちょっとした驚きを感じました。また、教師というのは、「知識を教えるだけではない。学習者をencourageすることだ」というのは、日本語教師を始めたばかりの私には深く心に響きました。そして、その気持ちは今でも変わりません。

日本語教師の仕事は文字どおり「日本語を教える」ことなのですが、それを通して、学習者の持つさまざまな能力や資質、興味を引きだすことが教師としての役割なのではないかと思います。

Q.7　これから日本語教師を目指す人に向けてメッセージをお願いします

みなさんの中には、「将来海外で日本語を教えてみたいな。けど、いろいろ心配だな」と思っている人もいると思います。

上で書いたように、海外で日本語を教える際には、さまざまな不安要素があります。ただ、私が経験した不便なことのほとんどは、約20年も経った今の情報化社会においては、解決されています。

とはいうものの、何を不安に思うかは人それぞれです。しかし、日本語教師として、もしくは一人の人間として大きくなるために、その不安要素をプラスに捉えて、一歩を踏み出してみませんか。

もし海外で日本語を教えることになったら、その国のことばをまず勉強してみてください。そして、現地に行っても勉強を続けてみてください。すると、どんなに練習しても発音できない音があったり、なかなかことばが覚えられなかったり、言いたいことがあるのにことばにできないもどかしさがあったり、いろいろな困難や不安に直面すると思います。このような気持ちはみなさんが教える日本語学習者が抱えるものと同じかもし

注7：私が大学時代に所属した学科では、英語以外の言語を第一外国語として履修することになっていました。日本語教師として、未知の言語をいちから学ぶことを経験してほしかったのだと思います。私の場合、日本語教師になるきっかけを与えてくれたのがドイツ人の友人だったので、ドイツ語を第一外国語として選択しました。

れません。教師はときに学習者に対して高圧的になる可能性があります。「こんなこともできないのか」「できるまで、練習してきなさい」とつい言ってしまうかもしれません。そんなとき、自分の外国語学習の経験に照らし合わせ、自分が学生の立場だったらどうかという視点を持つことも大切だと思います[注7]。

タイで日本語を教えるということに限定すると、タイは日本より物価も安いし、親日の国で人々はフレンドリーだし、生活しやすいと思います。また、日本語教育の盛んな国で、学習者の学習動機も高く、教えていてとてもやりがいを感じます。日本語教育に関するセミナー・研修もときどき開かれ、日本語教師との横のネットワークも作れます。

みなさんにタイのどこかで会えるのを楽しみにしています。

参考文献

独立行政法人国際交流基金 (2017). 『海外の日本語教育の現状　2015年度日本語教育機関調査より』 <https://www.jpf.go.jp/j/project/japanese/survey/result/dl/survey_2015/all.pdf> 2017年8月5日アクセス.

独立行政法大学改革支援・学位授与機構評価事業部国際課 (2015). 『タイ高等教育の質保証』（ブリーフィング資料） <http://www.niad.ac.jp/n_kokusai/info/thailand/BriefingonThailandQAinHE(JP).pdf> 2017年8月4日アクセス.

村上吉文 (2018). 『もう学校も先生もいらない!?　SNSで外国語をマスターする《冒険家メソッド》』ココ出版.

学期の最終日に学生たちと

（松原潤）

ナレースワン大学人文学部東洋言語学科講師。趣味はドライブとギター。魂赤（ソウルレッド）のMazda 3でタイ国内を走り回っています。定年後は妻と大型バイクでタイ一周をしたいと考え中。一生に1度でいいから、ベタァーと開脚前屈してみたいです。

多岐にわたるしごとに取り組む
〜ニュージーランドでの日本語教育〜

Q.1 日本語教育に興味を持ったきっかけは何ですか？

　ことばや文学に興味があり、「だから大学は文学部」とかなりわかりやすい進路志望をもっていた高校時代でした。しかし、高校卒業間近に「広島大学に日本語教育学科新設！」とのニュースが飛び込み、受験したところ合格。当時、日本語教育を専攻科目として設けている大学は非常に少なく、その新しさに魅力を覚え、もともと興味があったことばや文学を新たな視点で学ぼうと日本語教育学科に入学しました。

　入学当時、学科には先生が一人だけ。毎年新しい先生が赴任され、新しい授業が紹介されるのを楽しみにしていました。そこで3年次に出会ったのが社会言語学。衝撃的なおもしろさで、日本語教師の夢はそっちのけで、大学院に進んでもっと勉強するのだと決め込みました。そんなこんなで、修士課程に進んだところ、ありがたいことにアルバイトの話をもらいます。正直言って、学部を卒業しただけの自分が教壇に立てるのかとても不安だったのですが、学科の先生に勧めてもらったこと、そして同級生の何人かと一緒に教えられることもあり、思い切って引き受けました。実際に教壇に立ってみて、改めて日本語教師のおもしろさ、奥深さに目覚め、将来の仕事にと考えるようになりました。

Q.2 日本語教師になるまでの歩みはどのようなものでしたか？

　大学院博士課程後期に在学中、現在の勤務先、ワイカト大学での仕事の話が舞い込みます。諸事情でワイカト大学が急遽、1年限定の日本語講師を見つけなければならなくなったのです。その当時、広島大学日本教育学科はワイカト大学と交流があり、日本語教育学科に適当な人材はいないかと直接ワイカト大学から問い合わせがありました。求人の掲示を見て、応募の意思を伝えたところ、学科の先生方から推薦してもらえることになり、ワイカト大学との契約が決まりました。ニュージーランドといえば、羊の多さとオール・ブラックスしか知りませんでしたが、「1年なら辛くても頑張れる」と決意し渡航しました。

　ニュージーランド滞在1年目の間に私のポジションが1年限定ではなく、常勤のポジションに変わります。私の契約が自動的に常勤に変わったのではなく、常勤のポジションが新たに設置されたのです。常勤のポジションとなると、大学は所定の公募の手続きを踏まなければいけません。日本語教育のポジションも例外ではなく、大学の求人用ウェブページに情報が掲載され、地元の新聞にも求人広告が出されました。私も一応募者として履歴書、推薦状等の規定書類を提出し、書類審査を受けました。そしてその後、面接を受けることになります。ほかにも応募者はいましたが、幸い私が雇ってもらえることになりました。ここで就職が決まったのは、修士号を持っていたこと（つまり、日本語教育の勉強をしていたこと）、教育経験があったことが大きかったと思います。その後、20年以上経った今もまだニュージーランドにいます。

Q.3 今の仕事について教えてください

【ニュージーランドの日本語教育事情】

　ニュージーランドにおける日本語教育は、1960年代に中等、高等教育の両レベルで始まり

注 1：Ogino, M., Shino, P., and Nesbitt, D. (2016). Creating New Synergies: Approaches of tertiary Japanese programmes in New Zealand. Auckland, New Zealand: Massey University Press.

注 2：http://www.nkg.or.jp/wp/wp-content/uploads/2017/03/sekai-newzealand0317-1.pdf

---

ました。この国では語学学習は必須科目ではありません。中等レベルでは、学校によって日本語の授業を開講していないところもあります。また開講していても、低いレベルだけで、高いレベルは学習者が少ない等の理由で授業が行われていないこともよくあります。これは、日本語を勉強しはじめても他の科目の勉強を優先するなどの理由によって、長く続けない生徒がいるからです。また、高校で勉強しつづけても、大学では日本語を履修しない学生もかなりいます。

1990 年代には、中等、高等教育の両レベルで日本語は人気科目だったのですが、現在は日本語学習者の減少が続いています。その理由はいろいろ考えられますが、一つは経済大国としての日本の位置が以前ほど高くないこと、そして、大学においていったん日本語ではない科目を専攻すると、日本語が履修しにくいシステムになっていることなどが挙げられます。日本語能力だけで就職を狙うなら、かなりの努力と長い年月を費やして勉強することが必要です。大学の学部で勉強したくらいでは難しいです。それよりも、就職に直結しやすいと考えられがちな経営学、情報科学などの理系科目を選択する学生が多くなっています。その場合、専攻科目の勉強が詰まって日本語が選択しにくい状況が生まれ、日本語を勉強しないということになるのです。1 年生の日本語コースだけを見ると、ある程度の学生数がいるのですが、2 年、3 年と続けて勉強するのは少数派です。

しかしながら、ニュージーランドにとって日本は強いつながりがある国です。例えば、経済的に日本はニュージーランドにとって 4 番目に大きな貿易相手国です。文化的には、アニメ、マンガなど、ポップカルチャーがニュージーランドの人たちにとても人気があります。また、2019 年には日本でラグビーワールドカップが開催されることもあり、ラグビー王国であるニュージーランドの人たちにとって、日本はより身近な国になり、日本語、日本文化に興味をますます持ってくれるようになることを期待しているところです。ニュージーランドの日本語教育事情についてもっと詳しく知りたい人は、ニュージーランド日本研究学会（英語名は Japanese Studies Aotearoa New Zealand；略して JSANZ）で出版した本[注1]や、JSANZ の日本語の先生がオンラインに載せた論文[注2]をぜひ参照してください。

【日々の仕事：授業】

具体的に私のある 1 日を表にしてみました。

表 1：ある日のスケジュール

8 時半頃	自転車にて大学到着、授業の準備、教室への移動
9 時	1 年生の日本事情授業、習字の実習
10 時	同上（学生は違う顔ぶれ）
11 時	2 年生の日本語講義
12 時	3 年生の日本語講義
13 時	昼休み
14 時	2 年生の日本語授業、主に聞き取り練習
15 時	3 年生の日本語授業、正午の授業の内容をふまえた練習
16 時	研究室に戻り、本日の授業の進み具合について自分のノートに記録、MOODLE 上に授業のまとめ、簡単な復習用の質問などをアップロード
18 時前	自転車にて帰宅

この表からもわかるように、日々の仕事として、まず授業が挙げられます。この日は特に教え

注3：毎学期、最初の授業でコースの説明をする際にコース・アウトラインを提示します。アウトラインには授業の進行予定（例えば、第○週に第△課を勉強する）や、テスト、宿題等の実施日、点数比率等を記すことになっています。

る仕事がびっしり詰まった日でしたが、毎日こうではありません。授業がない日もあったりします。授業がないときは、授業以外の仕事があります。

　常勤として勤める場合、教室の教壇に立って教えるだけが仕事ではありません。一つのコースを丸々責任をもって担当するので、教科書の選定、一学期間通しての授業の計画、一つひとつの授業の準備、そして実際の授業実施、宿題やテスト等の作成および採点、もしティーチング・アシスタントなどほかの人に練習の授業を依頼するのであれば、その人たちへの指示や打ち合わせも仕事に含まれます。計画はかなり細かく決めなければなりません。例えば、「学期を通してテストは2回、○月○日と△月△日に実施、各テストの点数比重は15％」など、学期はじめに学生に知らせることになっています注3。また、日本人留学生にときどき日本語の授業に参加してもらい、会話の練習等を手伝ってもらうようにしています。そのための人員募集、準備、連絡等が必要です。そして、ワイカト大学では全学でMOODLEというオンライン・ソフトウェアを使っています。各コースにウェブページが設定され、そのコースを履修している学生のみがそのページにアクセスできます。ウェブページには、コースの概要、大切なお知らせ（宿題の締切日など）、簡単な文法のまとめや学生の成績などもアップロードすることになっています。そのページの管理も大切な仕事です。

　担当する授業は、私の場合、主に日本語の授業ですが、日本関連の授業もあります。私の勤務先の大学では、中国語、フランス語、スペイン語のプログラムがあり、これらの先生方と共同で教える「国際言語と文化」という授業の「日本」の週を担当します。この授業では、日本史の話もす

れば、和食や宗教の話もしたりします。日本語の学生じゃない学生も履修する授業ですので、すべて英語で教えます。その他、学部生の個人研究（日本風に言えば、小規模な卒業論文という感じでしょうか）の指導もします。日本の大学の卒論と違って必須科目ではないので、この担当は毎年あるわけではありません。最近では、宮崎駿アニメの分析に取り組んでいる学生のアドバイザーを務めました。

【日々の仕事：授業以外】

　大学教員にとって、教育と同様に大切な仕事が研究です。自分の研究テーマで研究を進め、学会で発表したり、論文を書いたりします。最近では、日本人留学生を招いた日本語の授業で日本語がどのように使われているかを調べて論文を書きました。また、日々の生活で感じることが研究につながることもあります。例えば、依頼や誘いを断るときに、日本人は、そしてニュージーランド人はどのような言い訳をするかについて研究しました。この研究では、日本人とニュージーランド人の会話を録音し、それぞれの会話を比較して、その結果を報告しました。このような研究は、日々の生活の中で、私自身が非英語母語話者として感じる「あれ、どうしてこんな言い方をするんだろう」「自分の英語の表現は何だかちょっと状況に合っていないような…」といった疑問から生まれます。研究の結果は、日本語の授業で適切な日本語の表現を教えるのにも役立ちます。

　授業、研究のほかに、教務も欠かすことはできません。これは本当にいろいろな仕事があります。例えば、教育関係の教務で言えば、時間割作り。大学構内の教室が公平、かつ効率的に使われるように、全学の時間割を大学内の時間割部が管

注4：JSANZ のフェイスブックは https://www.facebook.com/JapaneseStudiesAotearoaNZ/

轄しています。各学科は、各コースでの週当たりの講義数、必要な教室のサイズ、機器等の情報を用紙に記入し提出します。用紙提出後も時間割部とやり取りして調整を続けます。年に一度、予算計画を提出したり、教材の購入、図書館への本の注文も仕事の一つです。また、学生から交換留学や奨学金への応募の際に推薦状を頼まれることがあります。こういった文書の作成も大切です。

　渉外業務もあります。海外では日本在外公館との連絡は欠かせません。例えば、ワイカト大学の場合、オークランド市にある日本総領事館と連絡をとります。総領事館から、文部科学省の奨学金や、JET プログラム（簡単に言えば、英語母語話者が日本の学校で英語を教える仕事）などの情報を受け取ったり、必要に応じて問い合わせ、書類送付等をします。また、毎月総領事館、および国際交流基金シドニー事務所の援助を受けて日本映画の上映会を大学で催しています。

　学生数確保につながる活動も大事な仕事です。上でも触れましたが、現在はニュージーランドの日本語学習者数が減ってきています。一致団結してこの事態を何とかしようと数年前、国内の他大学の日本語の先生方と立ち上げた会が JSANZ (Japanese Studies Aotearoa NZ) です。JSANZ としての活動も大切な仕事です。例えば、JSANZ のフェイスブックページ[注4]にニュースを投稿したり、年に2回発行している JSANZ のニュースレターの作成、発送をしたりしています。また、全国の高校の日本語生徒対象のクイズ大会の手伝いもします。これは1年に1回の大会で、今年度は全国8カ所で行われ、40校余りから約300名の高校生が参加しました。

クイズ大会の一コマ

　ワイカト大学も開催地の一つで、大会前には参加高校生に配る大学のパンフレットを用意したり、使用教室の予約、参加する高校の先生方と連携をとったりなどしました。当日は教室での大会進行の手伝いや、あとで大学の紹介をするときなどに使えるよう写真を撮ったりもしました。

　その他、地元の高校を訪問し、ワイカト大学の宣伝をすることもあります。また、これは同僚の日本語の先生が企画してくれたのですが、リーチ・マイケルさん（2019年ラグビー・ワールドカップの日本チームキャプテン）に日本語のクラスに来てもらって、日本語学習および日本での異文化体験について話してもらったことがあります。このクラスを全学の学生に開放したところ、100人以上の参加がありました。日本語、日本文化のおもしろさを広く知ってもらい、日本語履修者数増加、および現在の学生の履修継続につながることを見込んでの活動です。学生数が減ると予算が減るので、学生数の確保は非常に重要です。

　大学の一職員としての仕事もあります。私は日本語プログラム所属ですが、このプログラムは

注5：ニュージーランドの公用語は、英語、マオリ語、ニュージーランド手話の三つ。

人文学科の中にありますので、人文学科の会議があれば出ます。それから、人文学科の中で教員が持ち回りでやっているセミナーシリーズがあります。これは、互いに理解し、交流を深めることが目的なのですが、私は習字教室を提供しました。日本語を知らない人が対象なので、簡単な字しか書けませんでしたが、それでも日本文化を体験してもらう貴重な時間となりました。

学内イベントでのお習字

　先に述べた会議ですが、日本の大学よりも頻繁にあるのではないかと思われるのが、改組にまつわる会議です。改組とは、組織を改めること、つまり、大学や学部、学科の構造を変えることです。予算が足りない、学生数が減った等、上層部の方針で学科が縮小、閉鎖されたり、人員削減が行われたりすることがあるのです。これはとても重大なことなので、例えば、学部長が改組に関する説明会を開くことがあります。その場合には説明会に参加し、学部長や他の人の意見を聞いたり、質問したりします。学部長から文書で改組案が示された場合は、通常、我々教員はそれに対して意見を述べることが求められます。我々は個々人で、あるいは、プログラム、学科ごとに集まって知恵を絞り、文書を作成して提出することになります。

Q.4　日々の仕事で大変なことや悩みについて教えてください

　まず、現在の勤務校に赴任した当時は、英語でのコミュニケーションに不慣れだったこと、また、ニュージーランドの大学のシステムに不案内だったこと等があり、仕事に慣れるのが大変でした。授業の準備にも本当に時間がかかりました。滞在年数が長くなるにつれ、英語力が上がったり知識が増えたりして楽になった部分もありますが、やはり英語は私の母語ではありませんし、異文化間コミュニケーションによる誤解、摩擦などがまったくなくなったわけではありません。

　それから日本の大学と比べ、ニュージーランドの大学には常勤の教職員の解雇に法律上の規制が少ないようで、就職が決まったからといって安泰、というわけにはいかないのがなかなか厳しいところです。上にも書きましたが、改組で常勤教員でも解雇されるということが十分起こり得ます。改組は大抵、学科単位、学部単位で行われるので、日本語プログラム以外の人たちと一緒に話し合いをすることが多いです。他学科の人たちとの話し合いですから、話はすべて英語で行います。気の進まない議題について丁々発止、というだけでも大変ですが、それを外国語でやるというのはさらに大変です。

　また、ニュージーランドは英語を公用語[注5]とする国だからでしょうか、基本的に語学教育に対してそれほど熱心でないように思います。上の繰り返しになりますが、外国語学習を重要視しない→学生数確保が困難→予算カット→人員削減、と

注6：一口にニュージーランド人といっても、中国系、韓国系、インド系、パシフィック系などいろいろな移民の人たちもいます。そして、ニュージーランド国外からの留学生もいます。

いう流れにつながる可能性を意味します。そういうわけで、外国語教育に携わる者にとってはなかなか厳しい状況です。とは言え、私の場合、何とか20年教えつづけてきましたから、何とかなると言えば、そうなのかもしれません。

Q.5 日本語教師になってよかったことやうれしかったことについて教えてください

まず日本語教師、というより、教師としてだと思いますが、教える仕事はやりがいがあります。1年前には言えなかった文が言えるようになったり、いつも英語でのメールをよこしていた学生が、日本語で、それも敬語を使ってメールを送ってくるようになったり等、学生の成長をみるのはうれしいものです。また、同じ教科書を使って教えても顔ぶれが違えば反応も違いますから、常に思わぬ発見があります。また、今でもはじめて受ける質問があったりします。質問の答えに悩むこともありますが、これは実に楽しい悩みで、楽しくおもしろく頭を働かせる仕事に就いてよかったなと思います。もちろん、授業をサボってばかり、全然勉強しないといった学生もいます。それは本当に残念なことですが、こればかりは世界中どこに行っても同じだと思います。

そして、これは日本語教師として、ということになりますが、外国語として、異文化として日本語、日本文化を教える立場に立つことによって、自分のことば、文化を改めて学ぶ機会を得ました。また、日本語を母語としない、日本文化をバックグラウンドとして持たない学生[注6]と接することによって、日本語、日本文化について改めて考え

させられることも多々あります。さらに、他言語や他文化に触れる機会を得ることによって、さまざまなものの見方や考え方を知り、自分の視野も広がったように思います。文化や考え方が違うがゆえに苦労するのも事実ですが、新しい発見、気づきには往々にしてわくわく、ドキドキがつきものです。

また、研究を通してよかったと思うことも多々あります。もちろん、楽しいことばかりではありませんが、新しい発見があったり、気になっていた現象がうまく説明できたりしたときの喜びは大きいです。同じような興味を持つ研究者といろいろと交流するのも楽しいものです。これも日本語教師として現職に就いたからこそ、得られた経験だと思います。

ワイカト大学構内で開かれた気球祭

Q.6 あなたにとって「日本語を教える」とは？

ずばり「日本語教師の仕事の一部」です。学生時代は日本語教師になるために、日本語の文法を勉強したり、教科書分析をしたり、いろいろ「日

注7：この異文化とは、職場だけのことではありません。例えば最近では2018年、NZの首相が在職中に出産し（世界で2人目）ニュースになりました。NZにおいての報じられ方、社会の受け止め方からいろいろな気づきがありました。

本語を教える」ための勉強をしました。しかし、実際日本語を教える職に就くと、狭義の「日本語を教える」ことは、日本語教師の仕事の中での一部にすぎず、それ以外の仕事が本当にたくさんあります。これは、常勤の仕事に就いてつくづく感じていることです。

しかしあえて「日本語を教える」ことそのものについて考えてみると、自分の興味があることば、コミュニケーションを見つめなおせる貴重な機会と言えるかと思います。

また、ニュージーランドで日本語を教えることになり、異文化注7と接触し、視野を広げる機会になったことは先に述べたとおりです。

ワイカト地方の街、ティラウの観光案内所

Q.7　これから日本語教師を目指す人に向けてメッセージをお願いします

まず、海外へ行くことを考えていて、さらに行ってみたい国、地域がある人は、その国や地域のことばの学習を今日から始めることをお勧めします。日本語を教える仕事がメイン、と言っても、仕事内容は多岐にわたり、その国のことばを知っておいたほうがよいと思います（実際、職場で英語を使わない日はありません）。特に渡航を考えていなくても、学生は日本語を母語としない学習者ですから、外国語学習は必ず役に立つと思います。ことばの習得には時間がかかるので早く始めるに越したことはありません。

日本語教師の職に就くには、そのための勉強と教育経験がとても大切です。このChapterの最初に、現職に就くに至った経緯を書きました。雇用決定には教育経験の有無が大きく関わっていたと思います。私が大学院在学中に得た日本語を教えるアルバイトは、必ずしも好条件だったとは言えません。しかし、そういった仕事は職歴として履歴書に書けるだけではなく、いろいろと学ぶ機会を与えてくれ、日本語教師としての力をつける貴重な機会になります。ですので、勉強をしながら、教育経験の機会をできるだけつかむことをお勧めします。

また海外の教育機関に行けば「何でも屋」にならざるを得なくなる可能性があります。日本語だけでなく、日本のことは何でも知っておくに越したことはありません。趣味、特技もどんなところで生かせるかわかりません（習字を教えることになるとは思っていませんでした）。ぜひいろいろなことに興味をもって、活動の幅を広げておくとよいと思います。

それから最後に、何も日本語教師に限ったことではありませんが、職場ではコミュニケーション能力が求められます。ことばの教育に携わるという意味でも「コミュ力」は必要ですが、学校という組織に所属する以上、同僚、上司あるいは地域の人たちとのやりとりが常にあります。これは、例えば英語ができるから大丈夫、というだけでは

なく、人として気配りができるとか、好奇心にあふれていて常にポジティブ思考でいられるとか、そういうことも全部ひっくるめての「コミュ力」です。例えば、先に書いた改組に関わる会議などは非常に困難な、ストレスいっぱいの状況であり、高い「コミュ力」が求められる場のよい例と言えるでしょう。

「コミュ力」を高めるための絶対方略というものはありません。先にも書いたように、いろんな経験をすることが最終的に花を咲かせ実を結ぶことにつながると思います。これは、仕事に役に立つというだけでなく、一生活人として、他の人と交流し、よりよい楽しい毎日を過ごすためにも重要です。健康で楽しい生活を営むことは、仕事にもプラスになりますし、何より充実した幸せな人生につながると思います。Good luck!

ワイカト大学から車で40分ほどのビーチ

（西村史子）
ワイカト大学人文社会学部日本語部主任。趣味は料理の本を見ること、食べること。食べ過ぎたらジョギング。一度NZのロトルアでフル・マラソンにも挑戦しましたが、へとへとになったので今はハーフ・マラソンで満足しています。

日本語教師になるには
～「通学」や「通信」で学ぶ～

　これまでは国内と海外のさまざまな日本語教育機関における日本語教育について、それぞれの教育現場で活躍している人たちから紹介してもらいました。Section3とSection4ではそのような日本語教師になるにはどうすればよいかについて見ていきたいと思います。

　ただし、「日本語教師になる」と一口に言っても、実際の就職活動の際に求められる条件は各機関によってさまざまで[注1]、「このような条件を満たせば必ず就職できる」という答えはありません。しかしながら、日本語教師として最低限必要な資質や能力を身につけておくことは、あらゆる日本語教育の現場に共通して求められると言えるでしょう。

　教師として必要な資質や能力を身につけていることを保証するものとして、例えば、日本の公立学校の教師には教員免許状というものが存在しますが、現時点で、日本語教師にはそのような「免許」は存在しません。2018年現在、それを保証するものとしては、以下の3種類が挙げられます。

①学士の学位を有し、文化庁が指定した420時間の教育課程を修了した者
②大学または大学院の主専攻または副専攻として日本語教育を修めた者
③日本語教育能力検定試験に合格した者

　平成28年に法務省入国管理局から出された「日本語教育機関の告示基準」でも、「留学」の在留資格を持つ学生を受け入れる日本語教育機関において、日本語教育に従事する教師に求められる資格として、上記の3種類が認められています。

　Section3とSection4においては「日本語教師になる」ために必要なこれらの資質・能力およびそれらを身につけるための方法について紹介します。Section3では①と②について、Section4では③について見ていきます。

注1：日本語教師の求人情報が掲載されているホームページとして、例えば、公益社団法人日本語教育学会（http://www.nkg.or.jp/boshu）や国立研究科学法人科学技術振興機構（https://jrecin.jst.go.jp/seek/SeekTop）などがあります。傾向として、前者は国内の日本語学校や海外の大学を含む幅広い情報、後者は国内の高等教育機関に関する情報が多く掲載されています。

注2　日本語教育小委員会における議論に関しては、文化庁のホームページ（http://www.bunka.go.jp/seisaku/bunkashingikai/kokugo/nihongo/）で公開されています。

1. 日本語教師に求められる資質・能力と教育内容

1.1 日本語教師に求められる資質・能力

前ページに挙げた①〜③の具体的な紹介に先立って、それぞれの指針になっている「420時間の教育課程」について見ておきます。これは正確には平成12年3月に出された「日本語教育のための教員養成について」という文化庁の調査報告書で示された内容のことを指します。

その後、在留外国人の増加や学習需要の多様化といった日本語教育を取り巻く状況の変化をうけて、日本語教師として求められる資質や能力についての議論が行われ[注2]、平成30年3月には文化審議会国語分科会から「日本語教育人材の養成・研修の在り方について」が出されました。そこでは、専門家としての日本語教師に求められる資質・能力として以下の点が重要であると指摘されています。

（1）言語教育者として必要とされる学習者に対する実践的なコミュニケーション能力を有していること。
（2）日本語だけでなく多様な言語や文化に対して、深い関心と鋭い感覚を有していること。
（3）国際的な活動を行う教育者として、グローバルな視野を持ち、豊かな教養と人間性を備えていること。
（4）日本語教育に関する専門性とその社会的意義についての自覚と情熱を有し、常に学び続ける態度を有していること。
（5）日本語教育を通した人間の成長と発達に対する深い理解と関心を有していること。

これらは日本語教育だけでなく、言語（外国語・第二言語）教育者に広く求められるものであり、このような資質や能力をどのように育成していくかが重要な課題であると言えます。

1.2 日本語教師に求められる資質・能力を育成するための教育内容

上に見たような資質や能力を育成するために、平成12年の「日本語教育のための教員養成について」では、日本語教師の養成において必要とされる教育内容は「社会・文化に関わる領域」「教育に関わる領域」「言語に関わる領域」という3領域からなるとされます。そして、それら3領域の区分として「社会・文化・地域」「言語と社会」「言語と心理」「言語と教育」「言語」という5区分が設けられています。

それら3領域5区分の関係は「コミュニケーション」を核として、以下のように表されています。

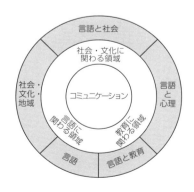

図1：教育内容の領域・区分とコミュニケーションの関係

上の図で表される3領域5区分の具体的な教育内容に関して、表1のようにまとめられてい

表 1：日本語教師の養成において必要とされる教育内容

	領域	区分		内容
コミュニケーション	社会・文化・地域に関わる領域	社会・文化・地域	世界と日本	歴史／文化／文明／社会／教育／哲学／国際関係／日本事情…
			異文化接触	国際協力／文化交流／留学生政策／移民・難民政策…
			日本語教育の歴史と現状	日本語教育史／言語政策／教師養成／学習者の多様化…
		言語と社会	言語と社会の関係	ことばと文化／社会言語学／社会文化能力／言語接触…
			言語使用と社会	言語変種／ジェンダー差・世代差／地域言語…
			異文化コミュニケーションと社会	異文化受容・適応／言語・文化相対主義…
	教育に関わる領域	言語と心理	言語理解の過程	言語理解／談話理解／予測・推測能力／記憶／視点／言語学習…
			言語習得・発達	幼児言語／習得過程（第一言語・第二言語）／中間言語…
			異文化理解と心理	異文化間心理学／社会的スキル／集団主義／教育心理…
		言語と教育	言語教育法・実習	実践的知識／実践的能力／自己点検能力／カリキュラム…
			異文化間教育・コミュニケーション教育	異文化間教育／多文化教育／国際・比較教育／国際理解教育…
	言語に関わる領域		言語教育と情報	教材開発／教材選択／教育工学／システム工学／統計処理…
		言語	言語の構造一般	一般言語学／世界の諸言語／言語の類型／音声的類型…
			日本語の構造	日本語の系統／日本語の構造／音韻体系／形態・語彙体系…
			言語研究	理論言語学／応用言語学／情報学／社会言語学／心理言語学…
			コミュニケーション能力	受容・理解能力／表出能力／言語運用能力／談話構成能力…

73

注3：教育内容を学年の段階や学期に応じて配置したもの。

ます（p.13 より一部抜粋）。

　表1からわかるように、日本語教師が習得しておくべき知識や能力は日本語に関する知識に加えて、他の言語や文化的な知識、教授法、学習者の習得過程など多岐にわたっています。先に述べたように、日本語教育に従事する教師には上記の教育内容を420時間以上、修めていることが求められます。

　日本語教師の養成機関においては、これらの内容をもとに教育課程（カリキュラム）^{注3}が編成されることになりますが、これまではそれぞれの養成機関の自主的な判断によって教育課程が編成されてきたため、養成段階において必ず学習しておくべき内容とは何かが不明瞭でした。そこで、平成30年の「日本語教育人材の養成・研修の在り方について」では、日本語教師の養成段階における「必須の教育内容」として以下の50の内容が挙げられています。

(1) 世界と日本の社会と文化
(2) 日本の在留外国人施策
(3) 多文化共生（地域社会における共生）
(4) 日本語教育史
(5) 言語政策
(6) 日本語の試験
(7) 世界と日本の日本語教育事情
(8) 社会言語学
(9) 言語政策とことば
(10) コミュニケーションストラテジー
(11) 待遇・敬意表現
(12) 言語・非言語行動
(13) 多言語・多文化主義
(14) 談話理解
(15) 言語学習

(16) 習得過程（第一言語・第二言語）
(17) 学習ストラテジー
(18) 異文化受容・適応
(19) 日本語の学習・教育の情意的側面
(20) 日本語教師の資質・能力
(21) 日本語教育プログラムの理解と実践
(22) 教室・言語環境の設定
(23) コースデザイン
(24) 教授法
(25) 教材分析・作成・開発
(26) 評価法
(27) 授業計画
(28) 教育実習
(29) 中間言語分析
(30) 授業分析・自己点検能力
(31) 目的・対象別日本語教育法
(32) 異文化間教育
(33) 異文化コミュニケーション
(34) コミュニケーション教育
(35) 日本語教育とICT
(36) 著作権
(37) 一般言語学
(38) 対照言語学
(39) 日本語教育のための日本語分析
(40) 日本語教育のための音韻・音声体系
(41) 日本語教育のための文字と表記
(42) 日本語教育のための形態・語彙体系
(43) 日本語教育のための文法体系
(44) 日本語教育のための意味体系
(45) 日本語教育のための語用論的規範
(46) 受容・理解能力
(47) 言語運用能力
(48) 社会文化能力
(49) 対人関係能力

（50）異文化調整能力

なお、平成12年の「日本語教育のための教員養成について」においても平成30年の「日本語教育人材の養成・研修の在り方について」においても、日本語教師としての実践的な教育能力を習得させるために、教育実習の重要性が指摘されています。

これまで見てきたような教育内容について、どのような教育課程が編成されているか、およびその中でどのような教育実習が行われているかについては、大学における日本語教師の養成課程を例として、3節で詳しく見ることにします。

2.「通学」か「通信」か？

これまで、日本語教師の養成に必要な教育内容とそれによって構成される教育課程について概観してきましたが、そのような教育課程を修了するにはどのような方法があるのでしょうか。それには大きく分けて学校に通って勉強する「通学」と遠隔教育によって勉強する「通信」という二つの方法があります。

まずは「通学」について見ていきましょう。「通学」によって学ぶことができる機関には「大学」や「専門学校等」があります。「大学」に関しては、3節で詳しく紹介することとして、ここでは専門学校等での「通学」について見ていきたいと思います。

2.1 専門学校等で学ぶ

現在、多くの専門学校等に「420時間の教育課程」に準拠した日本語教師養成講座が開設され

ています。それらの講座では先に示したような教育内容を1年から2年かけて履修していくことになります。平日の昼間に開講されている授業だけでなく、平日の夜間や土日に開講されている授業もあり、比較的柔軟に履修モデルを組むことができます。同じく「通学」で学ぶ大学や大学院と比べて、現在のライフスタイルを維持しながら日本語教育の勉強を行うことができるというのが魅力だと言えるでしょう。例えば、仕事や家事をしながら日本語教師を目指したい人や大学で他の分野を専攻しながら日本語教育の勉強をしたい人など、さまざまなライフスタイルを持つ人がそれらの講座で学んでいます。

学習期間に関しても、大学では4年間かけて教養的知識から専門的知識までを学びますが、専門学校等では日本語教育に関わる専門的な知識や技能に特化して、1年から2年で学ぶことができます。予算は50万円〜60万円のところが多いようですが、大学の1年間の授業料が国立大学で約55万円（2018年現在）であることを考えると、現在、何か別の職業や、やるべきことを抱えている人には、時間的にも予算的にも効率的な方法であると言えるでしょう。

また、それらの学校では、日本語ボランティアとしての技能を高めたいという人や職業として日本語教師になろうと考えている人など、さまざまな目的で日本語教育を学ぶ人が多く集まっています。自らと同じ目的を持つ人や他のさまざまな考え方を持つ人との交わりの中で目的意識を高めたり問題意識を明確にしたりしながら学ぶことができるというのも、専門学校等の日本語教師養成講座で学ぶことの利点だと言えるでしょう。

注4：授業目標、活動内容、用いる教材、時間配分など、
　授業を行うために必要な情報を記したもの。

2.2　通信講座で学ぶ

　次に、「通信」で学ぶ方法について見ていきましょう。「通信」のよさは先に見た専門学校等や後で見る大学・大学院といった「通学」という方法よりもさらに学習時間の自由度が高く、費用も安いということでしょう。

　現在、「420時間の教育課程」に準拠したさまざまな通信講座が開設されています。それらの通信講座では、送られてきたテキストに基づいて各自のペースで学習を進めていくことになります。学習時間の拘束がないという点では最も自由度の高い学習形態だと言えるでしょう。

　各レッスンの終了時にはそれぞれのレッスンに課された課題を提出していき、すべてのレッスンを修了すると修了証が授与されることになります。履修期間は1年から2年が標準的なようです。近年では、webで授業の動画を視聴しながら学習を進めていく通信講座も見られるようになっています。

　予算は10万円～20万円のところが多いようです。費用も安く、自分のペースで進められるという点を重視する人に向いた方法であると言えるでしょう。

　ただし、学習時間の自由度が高い反面、自分一人で学習を進めていくことの難しさもあります。先に述べたように、専門学校等や大学・大学院では自らと同じ目的を持つ仲間とともに学ぶことができます。そのような環境は目的意識を高めたり問題意識を明確にしたりするだけでなく、モチベーションの維持という点でも大きな役割を果たします。通信講座において一人で学習を進めていくためには強い意志が求められます。

　また、通信講座を通して身につけることがで

きる実践力にも不安が残ります。「通学」の場合には、ほとんどの教育課程の中に「実習」に関する科目が含まれており、指導案[注4]に基づいた実習授業が行われます。通信講座の中にも、スクーリングを行い、実習を実施しているところもありますが、多くの場合、実践力をどのように培うかということが課題になります。

　実践力に関しては、実習という形ではないものの、各種の研修会や勉強会に積極的に参加することで培うこともできます。また、それらの場に参加して仲間づくりを行うことやSNS等でモチベーションを維持していくこともできるでしょう。ただし、実践力を重視している日本語教育機関の中には、通信講座による修了証だけでは就職のための要件として不十分だとみなされるところもあるので、注意が必要です。

　これまで、「420時間の教育課程」を修了するための「通学」と「通信」という方法について見てきましたが、いずれの方法にもそれぞれの長所があります。専門学校等や通信講座については各学校や講座が開設するホームページで詳細な情報が提供されていますし、関連する本や雑誌も多く出版されていますので、それぞれのライフスタイルや学習の目的に合った学びの方法を探してみてはいかがでしょうか。

3. 大学の学部や大学院で学ぶ

　次に、「通学」のもう一つの方法である「大学の学部・大学院での学び」について紹介します。大学や大学院に関しても、各大学のホームページなどでさまざまな情報を得ることができますが、そこでどのような学びが行われているかということは意外と知られていないのではないでしょ

うか。

そこで、ここからは大学の学部で日本語教育について学んでみたいと考えている人や大学院でさらに専門性を高めたいと考えている人に向けて、学部・大学院における学びについて詳しく紹介していきたいと思います。ただし、学部や大学院と言っても大学によってそれぞれカリキュラムや学習環境が異なります。そこで以下では私の勤務校である広島大学を例として取り上げ、学部や大学院における日本語教師養成の現状について見ていきたいと思います。

3.1 学部・大学院の概要

広島大学教育学部の日本語教育系コース（旧日本語教育学科）は1986年に設立されました。設立の背景には国内や海外における日本語学習者数の増加があります。1980年代には留学生10万人計画といった留学生政策や日本経済の影響を受けて、国内・海外ともに日本語学習者数が増加しはじめました。それにともなって日本語教師も多く求められるようになりました。日本語教育は社会の動きや国際情勢、政治、経済と密接に関わっているため、日本語教師自身もこのような社会の変化に常に関心を払っておくことが求められます。

広島大学の日本語教育系コースでは2018年現在、11名の専任教員がコースの授業を担当しています。11名の教員の専門領域は「現代日本語の文法」「言語類型論」「比較文学」「第二言語習得論」「認知心理学」「修辞学」「社会言語学」「文化社会学」「日本語教育方法論」「コーパス言語学」「異文化間教育論」で、先に見た日本語教師が身につけるべき知識の幅広さに対応するように、教

員の専門領域も多様です。他の大学においても異なる専門領域の複数の教員がコースの運営に関わることが多いようです。

学部では2018年現在、1学年あたり約30名の学生が学んでいます。大学入試の時点でコース別の選抜が行われますので、日本語教師を志す学生や日本語・日本文化に興味・関心を持つ学生が入学してくることになり、そのような仲間と4年間、一緒に勉強していくことになります。先に述べたように、同じ志を持つ多くの仲間は在学中も卒業後もかけがえのない財産になると言えるでしょう。

広島大学では、学部における4年間の課程の後に、大学院の課程が設けられています。大学院は修士の学位を取得する博士課程前期と博士の学位を取得する博士課程後期に分かれています。それぞれの課程の詳細については後述しますが、博士課程前期では1学年あたり約14名、博士課程後期では約5名の学生がそれぞれ学んでいます。

3.2 学部の養成課程で学ぶ
3.2.1 学部のカリキュラム

まずは学部のカリキュラムについて見ていきましょう。学部での日本語教師の養成について考える場合には、4年間を通しての視点で考える必要があります。

大学の学部での学習内容は「教養教育科目」と「専門教育科目」に分けられます。教養教育科目と専門教育科目の内訳は大学によって異なりますが、例えば、広島大学の日本語教育系コースのカリキュラムは教養教育科目46単位、専門教育科目82単位で構成されています。なお、ここでの「単位」というのは45時間の学修を必要とす

注5：大学ではじめて学ぶ外国語のことで，広島大学の初修外国語にはドイツ語、フランス語、スペイン語、中国語、韓国語があります。

注6：人文科学領域、社会科学領域、自然科学領域、複合領域、外国語領域、キャリア教育領域という六つの領域から選択して履修します。

る内容のことを指し、通常は一つの授業科目につき15回の授業（予習・復習を含む）を受けて、試験やレポートで認定されれば、1単位もしくは2単位が取得できるということになります。

　4年間の学修の流れについて、1年次には主に教養教育科目を中心に学習を行い、2年次と3年次には専門教育科目を学んでいくことになります。そして4年次には卒業研究を行います。どの大学においてもこのような学修の流れになることが多いようです。では、そこではどのような内容を学んでいるのでしょうか。以下に具体的に見ていきましょう。

3.2.2　教養教育科目

　他の多くの大学と同様、広島大学の日本語教育系コースに入学した学生は、まず教養教育科目の勉強を始めます。学生が学ぶ教養教育科目は2018年現在、次のとおりです。

表2：教養教育科目（日本語教育系コース）

科目区分	要修得単位数
平和科目	2
大学教育入門	2
教養ゼミ	2
英語	8
初修外国語[注5]	8
情報科目	2
健康スポーツ科目	2
領域科目[注6]	8
自由選択科目	12
計	46

　教養教育科目では専門分野以外のことを幅広く学び、広い視野と深い思考力、洞察力を身につ

けることを目指します。外国語科目や情報科目、健康スポーツ科目など、他の大学にも見られる教養教育科目もありますが、広島大学に独自の科目もあります。

　例えば、「平和科目」は広島大学の学生が学部を問わず共通して学ぶ科目であり、「戦争」「貧困」「飢餓」「環境」「教育」「文化」などさまざまな観点から「平和」について学ぶというものです。日本語教師として、日本と世界との懸け橋となる人材にとって最も大事な「平和を希求する精神」（広島大学の理念5原則の一つ）を身につける授業であると言えます。

　また、「教養ゼミ」は大学教育へのオリエンテーションと学生相互および教員とのコミュニケーションを図るための授業です。大学では初年次教育が重視されていますので、同じような科目は他の大学にも置かれていると思います。広島大学ではコース単位で開講され、教員が持ち回りで担当しています。授業内容は教員によって異なりますが、私が担当したときには1年生を4～5人のグループに分けて、さまざまな国や地域の日本語教育事情について調べる学習を行いました。同時に、その際に生じた疑問点について、その国や地域から来ている留学生にインタビューをしてまとめ、その成果を学生たちが発表しました。

　日本語教育系コースに入学してくる学生は日本語教師を志す学生が多いのですが、大学入学以前に外国人との交流経験を持たない学生も少なからずいます。そのような学生に対して外国人との交流の場を与え、異文化理解を図るとともに外国人が話す日本語とはどのようなものか、どのように話せば通じるのかを体験させ、日本語教育の入り口に導くことを目的としました。ここでは私の実践例を紹介しましたが、このほかにも、学生が

注 7：教員ごとに開設される（少人数の）研究指導。

普段意識することがない日本語や日本文化について改めて考えさせる授業など、これから日本語教育について学んでいくためのオリエンテーションが各教員の工夫のもとに行われています。

3.2.3　専門教育科目

　1 年次で教養教育科目を履修した後、2 年次と3 年次には専門教育科目を履修していくことになります。先に見た「420 時間の教育課程」の教育内容をもとに、各大学では専門教育に関する教育課程が編成され、授業科目が開設されています。例えば、広島大学の日本語教育系コースでは2018 年現在、以下のような専門教育が行われています。

業が必修科目として指定されています。1 年次に履修する「日本語教育学基礎論」ではコースの全教員がオムニバス形式で授業を担当して、それぞれの専門領域についての導入を行います。4 年次の「日本語教育学特定研究 I・II」では、学生の興味や関心、問題意識に応じてゼミ[注7]に配属され、それぞれの教員の指導のもとに卒業研究を進めていきます。そして、そこでの研究成果は卒業論文としてまとめられることになります。

　必修科目以外の専門教育科目は専門基礎科目と専門科目に分けられます。2018 年現在の具体的な授業科目の一覧を表 4 に示します。

表 3：専門教育科目の履修基準（日本語教育系コース）

履修内容		要修得単位数	
専門基礎科目	必修科目	4	48
	日本語の教育	14	
	日本語学習の支援		
	言語の構造		
	言語と行動		
	表現と文化		
	文化の理解		
専門科目		30	
専門選択科目		28	
卒業研究		6	
計		82	

表 4：専門基礎科目と専門科目（日本語教育系コース）

区分		授業科目
専門基礎科目	日本語の教育	日本語教育課程論
		日本語教授法研究
		日本語教育と文法
	日本語学習の支援	日本語の音声と発音
		学校日本語教育
		第二言語学習の心理
	言語の構造	日本語の構造
		日本語の文法
		言語学の理論と方法
	言語と行動	社会言語学
		日本語の習得と指導
		言語心理学
	表現と文化	日本語の表現と論理
		日本文学と文化
		日本語の語彙と意味
	文化の理解	比較日本文化学
		日本文化研究
		異文化接触と文化学習

　表 3 は、学生が履修する内容と単位数の関係を表したものですが、表中の「必修科目」というのはコースの学生が全員履修しなければならない授業です。1 年次の「日本語教育学基礎論」と 4 年次の「日本語教育学特定研究 I・II」という授

	日本語文字・表記研究
	日本語技能指導論
	日本語文法演習
	言語の比較と対照研究
	対照言語学演習
	語用論
	第二言語習得論演習
専門科目	日本語位相論
	表現法演習
	日本語語彙論・意味論演習
	近代日本文学史
	比較文化学演習
	異文化間教育学演習
	言語学概説A
	一般言語学基礎演習A
	統語論
	日本語教育海外実習研究
	日本語教育実習研究

専門基礎科目では、日本語教育に関する3領域の専門分野の基礎的知識を学びます。「日本語の教育」「日本語学習の支援」「言語の構造」「言語と行動」「表現と文化」「文化の理解」という六つの区分に分かれており、学生はこのうち四つ以上の区分にわたって授業を履修し、基礎的な知識を習得します。

専門科目も、表4に示されるように「日本語技能指導論」「第二言語習得論演習」「言語の比較と対照研究」「日本の近現代文学」「異文化間教育学演習」など、「420時間の教育課程」に対応した内容になっています。ただし、先に述べたように、日本語教師に必要な資質・能力については、平成30年の「日本語教育人材の養成・研修の在り方について」で「必須の教育内容」が示されましたので、いずれの大学においても、確認や見直しの作業が行われていくものと思われます。また、日本語教師に必要な資質・能力については、社会

の変化とともに、今後も議論が行われていくと思われますので、それぞれの大学の教育課程でどのようなことを学ぶことができるかを確認しておく必要があります。

これまで見てきたように、大学では主に2年次から3年次にかけて日本語教育に関する専門的知識を体系的に身につけていくことになります。また、そこで身につけた知識をもとに実践力を育成する場として、日本語教育実習があります。以下においては、平成30年の「日本語教育人材の養成・研修の在り方について」でもその重要性が強調されている日本語教育実習について詳しく見ていきます。

3.2.4　日本語教育実習

日本語教師としての実践力の育成に関わる日本語教育実習は日本語教師の養成課程の中でも重要な科目の一つであると言えます。多くの大学では教育課程の中の3年次もしくは4年次に日本語教育実習が置かれており、それまでに身につけた日本語教育に関わる諸領域の幅広い知識や授業作りに関する知識がこれらの実習科目で統合されていくことになります。それでは、大学で行われている日本語教育実習とはどのようなものでしょうか。ここでも、私の勤務校の場合を例として紹介します。

広島大学の日本語教育系コースでは3年次に「日本語教育海外実習研究」（海外実習）、4年次に「日本語教育実習研究」（国内実習）という2種類の教育実習が行われています。以下にそれぞれの実習の概要について紹介します。

海外実習は3年次の後期（10月～3月）に開設されています。実習先は中国、韓国、台湾、イ

注8：現実のさまざまな場面を想定し、目標言語を用いてそれらの場面を適切に乗り切ることができる力の育成を目指す授業。

ンドネシア、アメリカ、ニュージーランド、タイ等の大学で、受講者の希望をふまえて、それぞれの大学に1、2名ずつ派遣されます。

　派遣先が決まると、受講者はそれぞれの実習先である国の社会・文化、日本語教育事情等を調べて理解を深めます。その後、実習先の大学で用いられている教材を用いて教材研究や指導案の作成を行い、模擬授業を行います。指導案は担当教員とティーチングアシスタントの大学院生によって添削されます。指導案の書き直しや模擬授業でのフィードバックを受けて、授業の作り方を学ぶとともに、教壇に立って教えることの責任感を学んでいきます。

　その後、それぞれが実習を行う国に行くことになります。担当する授業内容や授業形態、学習者のレベルはさまざまですが、実習先の先生方の指導を受けながら授業を行います。

　海外で教壇に立つという経験を通して実習生は多くのことを学びます。授業作りや指導技術といった実践に関する学びはもちろんのこと、海外の日本語教育環境や学習者の実態についても知ることができます。さらには、実習先の先生方や日本語教育関係者と知り合うこともでき、それらの人たちからいろいろな話を聞くことで、自らの進路を考える上で貴重な機会になっているようです。

　国内実習は4年生の前期（4月～9月）に行われます。国内実習ではまず観察実習を行います。近隣の日本語学校等で授業観察を行うのですが、それに先立って、日本語の授業のビデオをもとに、授業を観察する観点や観察録の書き方について学びます。

　教壇実習の実施場所は、日本語学校や学内に設けられた日本語クラスなど大学によってさまざ

まです。広島大学では、短期留学プログラムの学生を対象として行われています。対象となる学習者は2～3週間の滞在ですので、滞在期間に必要な日本語をもとにしたタスク型の授業[注8]が行われます。授業の指導案を担当教員とティーチングアシスタントで添削して仕上げていくとともに、模擬授業を重ねて実習授業を仕上げていきます。実習授業の終了後には授業検討会を行い、授業をとおしての学びを深めます。

　このように、大学における学部のカリキュラムでは、教養教育科目をとおして広い視野と深い思考力、洞察力を身につけます。さらに、専門教育科目によって日本語教育に関する専門的な知識や技能を習得するとともに、実習授業をとおして実践力を身につけていきます。

3.3　大学院で日本語教育を学ぶ

　大学で日本語教育を学ぶ場合には、これまで見てきたように学部で学ぶだけでなく、大学院で学ぶこともできます。特に、国内や海外の高等教育機関で専任教員として日本語を教える場合には、大学院で取得できる修士もしくは博士の学位が求められることが多いため、高等教育機関への就職を考えている人は大学院への進学を検討してみてはどうでしょうか。

　学部では日本語教師に求められる知識を幅広く学びますが、大学院ではそれらの知識をさらに深めることになります。同時に、修士論文や博士論文に取り組むことをとおして、研究力を身につけていきます。大学院で培われる研究力は、日本語教育に関する研究上の課題を解決するために必要であるだけでなく、自らの教育実践を振り返り、課題を抽出・解決していく上でも重要です。

注9：いくつかの授業科目の中から指定された単位数を必ず取得しなければなりませんが、どの授業の単位を取得するかは学生が自分で選ぶことができます。

　では、大学院での学修はどのようなものでしょうか。以下においては、学部に引き続き、私が勤務する広島大学の大学院を例として紹介します。広島大学の大学院は一貫した研究指導を目指しているため、博士課程前期と博士課程後期に分けられていますが、修士課程と博士課程として設置されている大学もあります。いずれも前者は修士の学位を取得し、後者は博士の学位を取得するための課程です。

　博士課程前期（修士課程）も博士課程後期（博士課程）も、どちらも専門的知識の習得と研究力の育成を目指しますが、それぞれの課程で培われる力は異なります。両者の特徴は教育課程に反映されていますので、以下においてはそれぞれの教育課程を紹介することをとおして、そこで何を学ぶことができるのかを見ていきたいと思います。なお、以下に紹介する教育課程はいずれも 2018 年現在のものです。

【博士課程前期】

　まずは博士課程前期の教育課程について見ていきましょう。

表5：博士課程前期の授業科目（日本語教育学専攻）

区分	授業科目
必修科目	日本語教育研究方法論
	日本語教育学研究プロジェクト
選択必修科目	日本語教育学特講Ⅰ
	日本語教育学特講Ⅱ
	日本語教育学特講Ⅲ
	日本語教育学特講Ⅳ
	日本語教育学特講Ⅴ
	日本語教育学特別研究Ⅰ
	日本語教育学特別研究Ⅱ
	日本語教育学特別研究Ⅲ
選択科目	日本語教育学演習Ⅰ
	日本語教育学演習Ⅱ
	日本語教育学演習Ⅲ
	日本語教育学演習Ⅳ
	日本語教育学演習Ⅴ
	日本語教育学特論Ⅰ
	日本語教育学特論Ⅱ
	日本語教育学特論Ⅲ
	日本語教育実践研究 A
	日本語教育実践研究 B

　先に述べたように、大学院では深い専門的知識や技能と研究力を身につけることが目標となります。このうちの前者に関して、日本語教師に求められる「社会・文化・地域」「言語と社会」「言語と心理」「言語と教育」「言語」の5区分に対応している「日本語教育学特講Ⅰ～Ⅴ」を選択必修[注9]として学び、当該領域に関する専門知識や技能を習得します。さらに、それら5区分に関する、より高度な知識や技能を「日本語教育学演習Ⅰ～Ⅴ」によって習得します。

　研究力に関して、博士課程前期の1年次に、「日本語教育研究方法論」と「日本語教育研究プロジェクト」の2科目を必修科目として学びます。「日本語教育研究方法論」では専攻を担当する全教員がそれぞれの研究領域の研究方法についてオムニバス形式で講義します。学部ではそれぞれの卒業論文のテーマに関する研究領域の研究方法を学びますが、他の研究領域の方法を学ぶことで、さまざまな研究課題に対して適切なアプローチや複合的なアプローチができるようになることを目指します。「日本語教育研究プロジェクト」では「日本語教育研究方法論」で学んだ方法論に基づいて、グループワークの形式で演習を行い、より深く理解していくことを目指します。

博士課程前期では自らの研究課題について、修士論文に取り組みますが、主任指導教員による研究指導である「日本語教育学特別研究」（Ⅰ～Ⅲのいずれか）を2年間受講して研究力を高めます。また、2年次には、副指導教員からの研究指導を受ける「日本語教育学特論Ⅰ～Ⅲ」が開設されており、自らの研究テーマを複合的な視点から捉えながら修士論文を完成させていきます。

このように、博士課程前期においては日本語教育に関するより高度な知識や技能と研究力を身につけることを目指します。この点が学部との大きな違いです。授業科目名や内容に違いはあるものの、これはいずれの大学院にも共通するものであると言えるでしょう。博士課程前期および修士課程には最低2年間という時間を費やすことになりますが、そこで得られる高度な知識や技能と研究力は、その後の教育実践を行う際の確かな礎になることでしょう。

広島大学に限らず、大学院には多くの留学生が在籍しています。これまでは日本で修士や博士の学位を取得すれば母国の大学で日本語教育の職に就くことができていましたが、近年では、日本語教育の実践力を身につけた人材が求められるようになってきているようです。

広島大学では2016年に大学院カリキュラムの再編を行い、教育実習科目である「日本語教育実践研究A」と「日本語教育実践研究B」を新たに設けました。前者が国内実習、後者が海外実習にあたり、国内と海外の大学や日本語教育機関において、それぞれ観察実習と教壇実習を行います。これらの授業を通して、大学院で学んだ知識や技能を教育実践と結びつけることを目指しています。

これからは日本語母語話者・非母語話者を対象とした大学院レベルでの実践力の養成も重要な問題になってくると思われます。大学院への進学を考える際および大学院を選ぶ際には、この点にも注意しておくとよいでしょう。

【博士課程後期】

先に述べたように、国内や海外の高等教育機関で専任教員として働く場合には、修士か博士の学位が必要になりますが、近年は、博士の学位を求める高等教育機関が多くなっています。では、博士課程後期ではどのようなことを学ぶのでしょうか。

いずれの大学においても、博士課程前期では高度な知識や技能と研究力を身につけることが目的とされますが、博士課程後期では特に研究力を高めることに主眼が置かれます。例えば、広島大学の博士課程後期では、修了に必要な単位は10単位ですが、そのうちの6単位は主任指導教員の研究指導である「日本語教育学特別研究」を3年間履修して取得します。また、残りの4単位のうち、主任指導教員以外の研究指導を受ける「日本語教育学講究」を最低2単位は履修して、複合的な観点から研究を深めます。

このように、博士課程後期では博士論文の完成に向けて研究活動を中心に行っていきます。ただし、先に述べたように、博士課程後期の学生は、ティーチングアシスタントとして大学の授業にも関わりますし、この後に述べるように、その多くが非常勤講師としてさまざまな教育現場で日本語教育に携わっています。これらの経験を通して、博士課程後期修了後に就く大学教員としての教育力が培われていくと言えるでしょう。

自身のことを振り返ってみても、大学院の博士課程前期や博士課程後期での学びによって高度

注10：文化庁「平成28年度国内の日本語教育の概要」
http://www.bunka.go.jp/tokei_hakusho_shuppan/
tokeichosa/nihongokyoiku_jittai/h28/

な専門知識・技能と研究力を身につけることができましたし、それらは何物にも代えがたいものだと感じています。ただし、大学院修了者にとっては、それらの知識・技能や研究力を発揮できる場が得られるかどうかという就職の問題も重要です。大学院への入学を考えている人は注1で紹介したような求人情報のホームページを見ておくことを勧めます。

3.4　課外活動

これまでは学部と大学院のカリキュラムの中で身につける専門知識や実践力について見てきましたが、学部や大学院で学ぶ学生の中にはボランティアや非常勤講師という形で課外において日本語教育に携わる学生もおり、そのような課外の活動によっても、日本語教育の実践力が培われています。これはどこの大学にも当てはまることだと思います。以下においては学部生や大学院生が関わる課外活動について紹介します。

学生が参加する日本語教室には自治体等が開設しているものもありますが、学生が自主的に日本語ボランティア教室を運営する場合もあります。例えば、広島大学では学生が自らボランティア教室を運営しており、1年生から4年生がボランティアで日本語指導にあたっています。1年生は上級生の授業を見ながら日本語の授業について学んでいきます。その後、指導案を作って授業を担当することになりますが、その際にも上級生の指導や支援を受けます。このように日本語ボランティア教室に参加することによって、日本語を教える経験を積むとともに、学習者の実態を知ることができます。

一方、大学院生になると、さまざまな機関に

おいて、非常勤講師として日本語教育を行うことが多くなります。そのように報酬を得て日本語教育に携わることで、職業としての日本語教育に対する意識が高められていくことになります。

3.5　「日本語教師の養成」という仕事

このSectionでは、これから日本語教師を志す人に向けて、日本語教師になるための勉強の仕方にはどのような方法があるかを紹介してきました。日本語教師として教壇に立つために必要な知識や技能を身につけるためのカリキュラムはさまざまな場所で提供されています。その中でも、こ普段あまり知られることがない大学や大学院での学びについて詳しく紹介してきましたが、最後に、大学における「日本語教師の養成」という仕事についてお話ししておきたいと思います。

平成28年11月1日現在、日本語教師の養成・研修を実施している機関・施設等数は582で、それらを担当している教師数は4,297人に上ります[注10]。みなさんの中にも、日本語教師としての経験を積んだ後に、日本語教師の養成の道に進む人がいるかもしれません。

本書のいろいろなところで語られているように、「日本語を教える」ということには多くの魅力があります。学習者の成長を間近で見ることができたり、ともに苦しみを乗り越えたりするという充実感と喜びは何物にも代えがたいものです。私自身、日本語の授業や授業外での交流を通して、非常に多くのことを得てきました。現在は大学で日本語教師の養成を担当することになり、日本語の授業の中で学習者とふれ合う機会はなくなりましたが、これから日本語教師になっていく学生が成長する姿を見ることに楽しみと喜びを感じてい

ます。日々の専門の授業はもとより、日本語教育実習を経験することで学生の姿は大きく変化します。どのような教育現場であっても「学習者の成長を見る」というのが教師としてのやりがいの一つだと思いますが、学生が日本語教師になっていく過程を間近で見ることができるというのは日本語教師の養成に携わる上での大きな喜びです。

大学で日本語教師の養成に従事するためには大学教員になる必要があります。少子化が進む日本の現状をふまえると、大学や大学教員の数は今後減少し、大学教員になるのは容易ではないかもしれません。採用に際しては、ほとんどの大学において、書類選考の後に面接が行われます。面接に加えて、模擬授業を課すところも多いようです。

大学教員になるための免許というものはありませんが、私が大学院生や助手として就職活動を行っているときには「博士の学位」「研究業績」「教育経験」という三つが求められると先輩から教えられてきました。大学によって重視される項目は異なると思いますが、今でもこれらが求められるという状況は変わっていないように思います。

日本語教育の発展のためには基礎的な研究や実践研究の積み重ねが必要であり、大学教員には特にそのような役割が求められると言えるでしょう。その点で、研究能力は確かに必要ですが、教育経験も同じぐらい重要です。日本語教師を養成するためには、それを担当する教師自身が日本語教育に関する知識と経験および教育観を持っておく必要があります。

私自身、日々学びの連続ですが、これからの日本語教育界を担っていく日本語教師の卵である学生たちとともに成長していきたいと考えています。

（永田良太）
広島大学大学院教育学研究科教授。今の関心事は、広島カープは日本一になれるのか。暇を見つけては子どもと一緒にスタジアムに行って，応援歌を熱唱しています。勝った試合の後の旨酒は格別です。

日本語教育能力検定試験を受ける
～出題傾向と受験する意義～

　Section3では、日本語教師として必要な知識や技能を身につけるための方法について紹介しました。Section4ではそれらの知識が身についているかどうかを確認するためのテストである日本語教育能力検定試験について紹介します。

　Section3のはじめに述べたように、日本語教育能力検定試験に合格していることは日本語教師に求められる資格の一つであると考えられていますが、そのような資格を取得していることやそのための勉強をすることは日本語教育の現場にどのように生きるのでしょうか。Section4では日本語教育の現場で活躍するみなさんに、日本語教育能力検定試験の内容を解説してもらうとともに、日本語教育現場との関わりについて、自身の体験をもとに教えてもらいます。

日本語教育能力検定試験の概要とねらい

1. 日本語教育能力検定試験の概要

　日本語教育能力検定試験（検定試験）とは、日本語教育に携わるにあたり必要とされる基礎的な知識・能力を測るための試験です。

　検定試験の目的は、簡単に言うと、日本語教師としての知識と能力が「基礎的な水準（日本語教育能力検定試験実施要綱より）」に達しているかどうかを測ることです。ここで書いた「日本語教師」とは、日本語教師を目指している人とすでに日本語教育に携わっている人の両方を指します。

　この試験は1年に1回行われます。過去の実施履歴を見ると、10月下旬の日曜日に行われることが多いようです。受験地は、平成22年以降は全国に7カ所あります。札幌、仙台、東京、名古屋、大阪、広島、福岡です。

　試験では、日本語教育に関する幅広い分野から出題されます。出題範囲は大きく「社会・文化・地域」「言語と社会」「言語と心理」「言語と教育」「言語一般」の五つに分類され、それぞれの分野から、ときには複数の分野にまたがって問題が作られています。それぞれの分野については、この後の節で一つずつ説明します。

　その他試験の詳細については、公益財団法人日本国際教育支援協会のウェブサイト等で最新の実施要項を参照してください。

2. 日本語教育能力検定試験の意義

　検定試験の概要を紹介しましたが、では、この試験に合格すること、また合格に向けてチャレンジすることには、はたしてどのような意義があるのでしょうか。

2.1 日本語教師志望者と採用担当者にとって

　国内でプロの日本語教師としてデビューするためには、日本語教育の「有資格者」であることが求められます。

　有資格者というのは、簡単に言えば、以下の三つの条件のうち、どれか一つ以上を満たす人のことです。これは法務省が「日本語教育機関[注1]の告示基準」として定めているものです。

1. 検定試験に合格している者
2. 4年制大学を卒業していて、法務省が認める日本語教師養成講座を修了した者
3. 大学か大学院で日本語教育に関する科目の単位を26単位以上修得して卒業・修了した者

　私は現在、日本国内の専門学校で日本語学科の学科長をしています。その仕事の中には、教員採用に関する業務も含まれます。

　履歴書を見る際、特に応募者の教授経験や実績がまだ少ない場合、私は検定試験に合格しているかどうかを重視しています。検定試験に合格していれば、その応募者が「日本語教育に関する授業を受けたかどうか」だけではなく、「受けた内容を理解できているか」も保証されていて安心できるからです。海外での募集も日本の基準に準じて行われることが多いため、やはり検定試験に合格しておくことは有利に働くと思われます。

2.2 大学や養成講座の受講者・修了者にとって

　大学で日本語教育を専攻している人や専門学校等の養成講座を受講している人の中には、忙しい毎日の中で次々に新しいことを習って、修了し

注1：日本語教育は大学、地域の日本語教室、小学校などさまざまな場所で行われています。法務省は、その中で「日本語の学習を主な目的として来日し滞在する外国人を対象に日本語教育を行う機関のうち、在留資格「留学」を付与することができる機関」を日本語教育機関と定義しています。

たとはいっても本当に学習したことが身についているか不安になる人もいると思います。

検定試験に合格すれば学んだことが身についていることを証明できますし、それを具体的な目標にすることもできます。

また、各分野の講義で学ぶことは相互に密接に関わっています。そのつながりを整理するのにも、検定試験の勉強は役に立ちます。

2.3　教師間の連携のために

日本語学校などのように、一つのクラスを複数の教師が教える形態の機関では、教師同士の連携が非常に重要です。

教師同士で授業や学習者の話をするとき、短時間で深いレベルの話まで進めるために、言語学や指導技術の専門用語は「共通語」として重要です。検定試験を通して幅広い専門用語を定着させることは、きっとその役に立つでしょう。

3. 現場で検定試験の知識・技術が役に立つ場面

検定試験が日本語教師として採用される際に重要な資格だということは、これまでに述べたとおりです。では、試験のために覚えた知識や技術は、実際に現場でどのように役に立つのでしょうか。

3.1　コースデザイン、教材分析

もしみなさんが日本語教師としてデビューしたら、どのように学習者と関わることになるでしょうか。あるときは、コースの1科目を担当

するかもしれませんし、もしかしたらコースの設計そのものを任されるかもしれません。

学習者の目標や期間などに応じてコースで使う教材や学習スケジュールを組み立てることをコースデザインと言います。この作業にはある程度の慣れが必要なのですが、コースデザインの難しさは、練習しにくい点にもあると私は思います。学習者の背景や到達目標のようにコースを組み立てるのに必要な設定項目が多く、経験がないうちは設定項目そのものが想像しにくいからです。

そんなときは、検定試験の問題に取り組むのがお薦めです。

例えば平成27年度の試験（試験Ⅲ 問題5 問2）では、ある地域の日本語教室の情報が示されています。

実際の問題では資料1に授業時間やコースの方針など、日本語教室の概要が書かれています。資料2にはある学習者グループにおける学習者の基本情報が記載されています。抜粋すると以下のような情報です。

- 韓国出身、30代女性、滞在歴5年、主婦
- アメリカ出身、40代男性、滞在歴1年、英会話スクール講師
- タイ出身30代男性、滞在歴3カ月、タイ料理店アルバイト
- 中国出身、50代女性、滞在歴20年、居酒屋店員

このように背景がさまざまな学習者で構成されるグループで、できるだけ参加者全員にとって有意義な教材や活動は何か、といった問題が出題されます。

実際の試験問題にはもう少し詳しい情報が

注2：初級の日本語教科書で、語彙や文型を提示する順序は教科書によりさまざまですが、一定の傾向があります。一般的には、敬語は「〜ましょうか」よりも後の課で出てくることが多いです。

載っていて、それをもとにコースデザインの練習をすることができます。

また、コースで使用する教材を選ぶときや、実際にその教材で授業をする際には、その教材の特徴を正しく理解して、学習者にどのように提示するかも重要です。そのために必要なのが教材分析です。

教材分析というと日本語の教科書を連想する人が多いと思いますが、実はあらゆる物が教材になります。

例えば平成23年度の試験（試験Ⅲ、問題5）では、上級クラスの留学生に新聞読解の授業をする場面が出題されています。新聞を使ってどのような授業ができるでしょうか。例えば、次のような授業が考えられます。

・見出しを見て、記事の内容を推測する
・短い時間で記事の概要を把握するように、速読の能力をつける
・新聞記事でよく使われることばや表現を覚える
・記事の内容を読んだ後で、日本事情について話し合う

授業の目標が変わると、新聞をどう扱うかがまったく変わってくるということがわかると思います。そのためには、私たちがいつも見慣れているものを、ときには「教材」として客観的に分析する必要があります。検定試験の問題を解いたり、練習したりすることを通じてその訓練ができます。

3.2　教案作り、授業準備

教案というのは、授業の計画書のようなものです。授業準備＝教案を作ること、授業＝教案を実践すること、と考えるとわかりやすいかもしれません。

教案を作るときに難しいのは「生み出すことだ」と思う人が多いかもしれませんが、実は最も難しいのは「選ぶこと」です。

例えば、「〜ましょうか」という文型を授業で扱うときの例文について考えてみます。ちょっと考えて、次の三つの例文が頭に浮かんだとしましょう。

① 私が先生に聞いてみましょうか。
② 3時にお部屋にうかがいましょうか。
③ かばんを持ちましょうか。

文型を導入するときは、その文型の意味が典型的に表れていて、学習者の理解を促す例文を使いたいものです。しかし特に経験がまだない教師や教えはじめたばかりの教師は、この判断の根拠となる経験を持っていない状態なので、どの例がよいか選びにくいと思います。しかし、せめて学習者の一般的な傾向を知っていれば、授業で学生の予想外の反応に戸惑う危険を減らせるかもしれません。

この例文のどれを授業で使うか考えてみます。①には、「〜てみる」という文型が含まれています。ここでは「〜ましょうか」だけに集中してもらいたいので、二つの文型が組み合わさっている文は避けたほうがよさそうです。また②も、「うかがう」という敬語をまだ習っていない[注2]学習者は、やはり「〜ましょうか」という文型に集中できな

い可能性があるので、この文は使わないほうがよいでしょう。一方、③はそのような危険はなさそうですから、どうやら③を使うのが無難そうです。

このように、説明のために例文を考えたり、その例文が適切かどうか判断したりするためには、普段使っていることばや表現を客観的に見つめる訓練が必要です。検定試験の勉強は、このセンスを磨くのに適しています。

3.3　授業中のフィードバック、評価

授業中のやり取りで、学習者のAさんが「夏休みどこへ行くか、まだ考えしています」と発言したとします。みなさんが教師だったら、このAさんの間違いに何と声をかけますか？

「違いますよ、『考えています』ですよ」と言うだけでは、その場での間違いは修正できても、Aさんはどこかでまた「考えして～」と言ってしまう可能性が高そうです。このような訂正では、Aさんが自分の間違いの原因を理解できないからです。

私なら、「『考える』は2グループ（下一段活用）ですよ」と言います。Aさんの発言を聞いて、次のように考えたからです。

① Aさんは「考え＋しています」と活用させたのではないか？
②「○○＋しています」は3グループ（サ行変格活用）動詞の活用ルール。掃除しています、勉強していますなど。
③ Aさんはもしかしたら、これまでにどこかで「いい考え」のような、「考え」という名詞に触れたことがあるのかもしれない。その結果、「掃除（名詞）→掃除する（動詞）」と同じ規則で「考

え（名詞）→考えする（動詞）」という規則を作りだしたのではないか？

実践経験がない段階でここまで想像するのは難しいかもしれませんが、検定試験にはそのような誤りの原因を推測する問題も含まれており、このような考え方を習慣づけるのに役に立ちます。

例えば「以下の四つの文は学習者による誤用だが、誤りの種類が違うものを一つ選べ」という問題が毎年数問出題されます。平成28年の過去問題から、1問紹介しましょう。【　】内の下線部は学習者による誤用を示しています。

【あの人、真冬に半袖で歩いてますよ。すごく寒いそうです。】
1 実際に作業を見ていると、思ったより難しいそうです。
2 急に空が暗くなってきました。今にも夕立が降るそうな空模様です。
3 さっき玄関で物音がしました。誰か帰ってきたそうです。
4 隣の犬は主人が亡くなって、いつも寂しいそうな様子です。

（試験Ⅰ 問題2（4））

この問題の正解は3なのですが、みなさんは理由がわかりますか。

この誤りを訂正するなら、1は「難しそう」、2は「降りそう」、4は「寂しそう」になると思います。つまり、「～そうです」という文型を使う場面としては正しいのですが、動詞や形容詞を正しい形に活用できていない状態です。一方3は、直すなら「帰ってきたようです（みたいです）」が適

注3：例えば私が勤務している日本語学校では、大学や専門学校が志望校となります。留学生が志望する大学や専門学校によっては、日本語能力試験や日本留学試験などの外部試験の成績を出願条件として定めているところもあります。

切でしょう。つまり、文型の選択が間違っていると推測できます。

このように、誤りの原因を推測する練習をしておくことで、日本語が上手になりたいと思っている学習者に、適切なアドバイスをすることができます。

3.4　学生指導、生活指導、カウンセリング

学習者から尋ねられるのは、日本語のことだけとは限りません。

学習者のBさんから、「日本で外国人と結婚してビザが変わっても、アルバイトを続けてもいいですか？」という質問を受けたことがあります。

また別の学習者のCさんは、4月に入国して、7月に突然出席率が悪くなりました。その学習者は新入生で、まだ細かいことを日本語で話せないので、通訳スタッフに立ち会ってもらって、話を聞きました。すると、2週間前から弁当工場で夜勤のアルバイトを始めて、生活リズムが激変したので、自分が起きたい時間に起きられなくなったのだと話しました。

日本国内で学習者に接するとき、在留資格（いわゆるビザ）や異文化適応に関する知識は重要です。学習は生活の上に成り立っているもので、彼／彼女らの生活面や心理状態を無視して日本語学習の話をすることはできないからです。彼／彼女らの背景を無視して、教師としての立場のみでアドバイスをしても、学習者にとって受け入れられないばかりか、お互いの信頼関係を築くこともできないでしょう。

例えばBさんのケースに対応するためには、在留資格や在留資格ごとにできること・できないことを知っておく必要がありますし、Cさんの

ケースに対応するためには、日本での外国人の労働環境や異文化適応に関する基礎知識が必要になります。

検定試験では在留資格（平成28年度試験Ⅲ　問題16）や外国人に対する言語サービス（平成25年度試験Ⅲ　問題16）などについての知識を問う問題も出題されます。検定試験に挑戦することで、そのような法・制度・サービス等に関する知識が身についているかどうかを確認することもできます。

3.5　受験指導

検定試験の勉強には、間接的な効果もあります。

学習者は、学習の到達目標として「日本語能力試験N3合格」のように、外部試験を設定することが多いです。日本語学校の場合は、「志望校注3に合格する」というのが当面の目標になり得ます。教師は、学習者と一緒に目標を確認し、学習計画を立て、いわゆる「受験勉強」をしていくことになります。そしてその過程は、日本語教師を目指す人が検定試験合格に向けて踏むステップと同じなのです。

みなさん自身の学習経験・合格体験があれば、合格を目指す学習者により実用的なアドバイスが出せることでしょう。

4. 検定試験を受験する人へのメッセージ

このように、検定試験は、日本語教育に携わる者にとって意義あるものです。しかし、試験はあくまでも手段なので、そこで得た知識や能力を現場で活用することが重要です。最後に、検定試

験を実践場面でより活用するために、心にとめて
おいてほしいことを述べます。

　まず、検定試験の多くの問題は1問につき一
つの知識を問うものです。一方、授業や教育現場
で教師が直面することがらは多様な原因が重なり
合って発生しています。そのかい離があることは
認識しておくべきでしょう。

　また、「理解している」ことと「実践できる」
ことは同じではありません。現行の検定試験の形
態では、実践的能力まで測ることは残念ながらで
きません。もしみなさんが検定試験に合格したら、
ぜひ現場で実践を繰り返して、身につけた知識を
生きたものにしていってほしいと思います。

　そして、社会の変化にも目を向けてほしいと
思います。少し話が変わりますが、平成30年3
月に、文化庁から「日本語教育人材の養成・研修
の在り方について」という報告資料が発表されま
した。文化庁からは平成12年にも日本語教師に
求められる能力やその教育内容が示されています
が、今回示された内容は、大学等における研究の
進展や社会情勢の変化をふまえて作成されたもの
です。

　つまり、日本語教育人材に求められる資質や
能力は、社会の変化とともに変わっていくものだ
と言えます。またそれにともない、検定試験で問
われる内容も変わっていきます。検定試験に合格
した後も、ぜひ日本語教育をめぐる情勢の変化を
察知できるように、アンテナを張っていてほしい
と思います。

参考文献

日本国際教育支援協会 (2012).『平成23年度日本語教育
　　能力検定試験試験問題』凡人社.

日本国際教育支援協会 (2014).『平成25年度日本語教
　　育能力検定試験試験問題』凡人社.

日本国際教育支援協会 (2016).『平成27年度日本語教育
　　能力検定試験試験問題』凡人社.

日本国際教育支援協会 (2017).『平成28年度日本語教
　　育能力検定試験試験問題』凡人社.

文化庁 (2018).「日本語教育人材の養成・研修の在り
　　方について（報告）」(http://www.bunka.go.jp/
　　seisaku/bunkashingikai/kokugo/hokoku/pdf/
　　r1393555_01.pdf)

法務省 (2016).「日本語教育機関の告示基準」(http://
　　www.moj.go.jp/content/001119295.pdf)

（細井戸忠延）
IGL医療福祉専門学校日本語学科学科長。腸活
が体によいと知ってから、発酵食品を積極的に摂
取するようにしています。お気に入りは風呂上が
りのヨーグルト飲料。足を肩幅に開き、腰に手を
当てて飲みます。

Chapter 2　社会・文化・地域

1. 出題区分の概要と出題傾向

　この分野は、その字面だけを見ると日本語を教えるのに直接関係ないと思われるかもしれません。また、該当範囲も広く、知識として勉強するにも難しいと感じる人もいるでしょう。しかし、国内外のさまざまな学習者を取り巻く環境や、置かれている立場を理解し、日本語だけでなく彼らに寄り添って生活も含めて支援していくために必要な知識であり、日本語教師としての心構えとして必須の知識であると思います。まずは、これまでの出題傾向から重要事項をまとめます。

　日本語教育能力検定試験を実施している日本国際教育支援協会によると、この分野では以下のような視点・知識と能力が求められています。

　日本や日本の地域社会が関係する国際社会の実情や、国際化に対する日本の国や地方自治体の政策、地域社会の人びとの意識等を考えるために、次のような視点と基礎的な知識を有し、それらと日本語教育の実践とを関連づける能力を有していること。

・ 国際関係論・文化論・比較文化論的な視点とそれらに関する基礎的知識
・ 政治的・経済的・社会的・地政学的な視点とそれらに関する基礎的知識
・ 宗教的・民族的・歴史的な視点とそれらに関する基礎的知識

　また、具体的な出題範囲は以下のとおりです。太字の項目は基礎科目で、優先的に出題されるとしています。

表1：日本語教育能力検定試験　出題範囲「社会・文化・地域」

1．世界と日本
　(1) 諸外国・地域と日本
　(2) 日本の社会と文化
2．異文化接触
　(1) 異文化適応・調整
　(2) 人口の移動（移民・難民政策を含む。）
　(3) 児童生徒の文化間移動
3．日本語教育の歴史と現状
　(1) 日本語教育史
　(2) 日本語教育と国語教育
　(3) 言語政策
　(4) 日本語の教育哲学
　(5) 日本語及び日本語教育に関する試験
　(6) 日本語教育事情：世界の各地域，日本の各地域
4．日本語教員の資質・能力

　上記科目の中で、「日本の社会と文化」「異文化適応・調整」「言語政策」はほぼ毎年出題されています。

2. 求められる知識

2.1　日本の外国人受け入れ

　みなさんが日本語教育を目指したきっかけは何でしょうか。私の場合は、日本国内で困っている外国人を助けたいということでした。日本にはいろいろな背景の外国人がいます。その背景を知ることで、どんな支援が必要かわかってきます。日本の外国人受け入れの流れと制度を、試験で問われている項目を挙げながらまとめたいと思い

注1：労働に従事する人の技能に関して，全国的に統一の基準を設定して検定を行うという国による検定制度。

ます。

1970年代以降、いわゆるニューカマーと呼ばれる新来の外国人が急増しました。日中国交正常化によって帰国した中国帰国者や、ベトナム戦争で国外へ脱出したインドシナ難民については、その特徴や日本語指導などの支援の制度やその内容が出題されています。

また、外国人労働者の受け入れに関しても出題があります。日本は基本方針として外国人労働者の受け入れは専門的・技術的労働者だけとしていましたが、労働力不足という国内の事情もあり、単純労働もできるような制度を作りました。1990年に中南米を中心とする日系人に定住者の資格が与えられるようになり、就ける職種に制限がない優遇措置を与えました。

技能実習制度についてもおさえておく必要があります。この制度は発展途上国への技術移転を目的としたものですが、実質的には合法的に単純労働者を確保するという側面もあり、待遇面でのトラブルも発生していました。そこで、2009年から技能実習ビザが新設され、労働基準法や最低賃金法などが適用されるようになりました。最近では、EPA（経済連携協定）により、フィリピン、インドネシア、ベトナムから看護師、介護福祉士候補生の受け入れも始まりました。一定の研修期間の後、国家試験に合格すれば正規の就労が認められます。このように、日本国内で労働力不足である分野で外国人への門戸が開かれています。

また、専門的・技術的労働者である高度人材を受け入れ、国際競争力を高めることが今後重要になってきており、2012年から高度人材ポイント制を施行し、高度人材と認められた外国人の出入国上の優遇措置を講ずるようになりました。

一方、留学生の受け入れも積極的に進められています。1983年に留学生受け入れ10万人計画が策定され、留学生の受け入れの割合を国際水準に引き上げようとしました。また、2008年には留学生30万人計画が策定され、「グローバル戦略」展開の一環として、優れた留学生を戦略的に獲得し、国内での雇用の促進、就職支援も行う構想になっています。

では、実際にさまざまな立場で来日した外国人に対して、日本語教師がどのように関わっているか、私の経験を紹介します。私は現在、日本国内の日本語学校に勤務しています。私の勤務している学校には進学コースと一般コースがありますが、在籍している外国人は、ほぼ日本国内の大学や専門学校への進学を目指す留学生です。最終的に日本での就職を希望している学生が多く、進学に必要な日本語力を身につけさせるのみならず、彼らの夢を叶えるために就職まで見越した最善の進路を提示しなければなりません。しかし、大学や専門学校を卒業して日本で就職できるのは30～40％ほどです。日本企業が求めるものは、やはり日本人と一緒に働ける日本語力です。大学や専門学校に入学する前に、しっかり日本語を身につけさせることが必要です。

また、日本語学校には地域からもさまざまな依頼があります。私の勤務する学校では、企業から依頼を受けて、技能実習生の現場派遣前の日本語教育と技能検定注1前の検定対策講座のカリキュラム作成、教師の派遣を行っています。また、「国際人材育成機構（アイム・ジャパン）」から依頼を受けて、技能実習生の日本語能力試験対策講座の講師を派遣したこともあります。さらに、EPAの看護師候補生を受け入れている地域の病院から依頼を受けて、日本語と国家試験対策の授業を行ったこともあります。

注2：平易な表現や簡単な構造の文を用いるなど，日本語力が十分ではない人にもわかりやすいように配慮した日本語。

このように、留学生だけでなくさまざまな学習者に対して日本語教育を行うことがあり、技能実習生や看護師候補生が日本で活動するためにどのような条件が必要か、そのためにどんな日本語教育が必要かも知っておく必要があります。

2.2　在留資格

日本における在留外国人は在留資格（ビザ）を持っています。在留資格は、その人がどんな身分で日本国内でどのような活動ができるのかを示すものです。在留資格についてはその種類や入管法の改正などについて出題されています。例えば、平成28年度の検定試験では以下のような出題がありました。

「在留資格」に関する記述として最も適当なものを、次の1～4の中から一つ選べ。
1　演劇、演奏、スポーツなどの活動を行う者は「興行」である。
2　日本語学校などの日本語教育機関に在籍している者は「就学」である。
3　技能習得のために雇用契約を結び業務に従事する者は「研修」である。
4　来日して5年以上日本に住んだ者は「定住者」である。

(試験Ⅲ 問題16 問3)

上の問題の答えは1番です。在留資格は大きく活動資格と居住資格に分けられます。前者は日本国内において行うことができる活動が示されており、検定試験では、「研修」と「技能実習」の違いや「留学」と「就学」の違いなどが問われて

います（「就学」は2010年の入管法改正で「留学」に統一されました）。後者は日本国内において有する身分または地位が示されており、「定住者」や「特別永住者」などの出題があります。

では実際に、ビザに関して日本語学校ではどのような知識が必要なのでしょうか。日本語学校の留学生は留学ビザで滞在していますが、留学ビザには活動の制限があります。資格外活動として1週間に28時間のアルバイトが許可されていますが、それ以上アルバイトをすると違法になります。日本の法律を伝え、守るように指導することも日本語学校の役割です。また、ビザの更新やさまざまな行政サポートの手続きを代行したり手伝ったりもします。このように日本語学校では、在留資格に関する知識を持っていることも必要です。

外国人住民の増加にともなって、外国人住民が多い都市ではさまざまな社会統合政策がとられています。川崎市では条例で外国人市民代表者会議を設置し、外国人住民が課題の検討や提言を行える場を作りました。また、南米日系人が集住する13の自治体が浜松市に集まって、外国人集住都市会議を設立し、「浜松宣言及び提言」の中で地域共生社会の形成を宣言し、教育、社会保障などについて提言を行いました。また、阪神淡路大震災などの災害時に外国人が情報弱者になったことを教訓に「やさしい日本語注2」が開発されました。そのほかにも、情報を届かせたり、わかりやすく表示したりする具体的な方法についてもおさえておきたいところです。

2.3　異文化適応

異文化適応とは、異文化に接触したときの心理的な変化で、どのようにその文化に適応してい

注3：周辺の学校に在籍する生徒が指導時間に通い，日本語指導を受ける学校。

くかというものです。この分野は日本語教師にとって、最も重要な知識の一つだと思います。日本語学校は多くの学生にとって、日本での生活をはじめてスタートさせるところです。日本という異文化に接触し、カルチャーショックを受けたり、ホームシックにかかったりする学生もいます。それだけでなく、体調を崩す学生もいます。彼らの心理状態を理解し、サポートすることも日本語学校や日本語教師の大切な役割です。そのためには、異文化適応の心理状態を知っておく必要があります。例えば、「ハネムーン期」「不適応期」を経て「適応期」に至るとされるUカーブ仮説があります。また、アドラーはカルチャーショックを肯定的に捉え、「異文化との接触」「自己崩壊」「自己再統合」「自律」「独立」の5段階で示しました。

さらに、異文化への態度が言語学習に影響を及ぼすという理論もあります。シューマンの文化変容モデルは学習者が目標言語集団に一体化したいという意識が高いほど言語習得が促進されるというものです。ジェイルズのアコモデーション理論は学習者が帰属している集団（ウチ集団）への帰属意識の強さや、目標言語を使用している集団（ソト集団）をどのように位置づけているかによって目標言語の習得速度が変わるという考えです。

2.4　外国人児童・生徒の日本語教育

外国人の増加にともない、外国人児童・生徒も増えており、検定試験でも彼らへの日本語教育についてよく出題されます。例えば平成28年度の検定試験には以下のような出題がありました。

「日本語指導が必要な児童生徒」に関して、2010年から2014年の動向として最も適当なものを次の1～4の中から一つ選べ。

1　外国人児童生徒数は横ばいだが、日本国籍の児童生徒数は増加している。
2　日本国籍の児童生徒数は横ばいだが、外国人児童生徒数は増加している。
3　外国人児童生徒数・日本国籍の児童生徒数ともに増加している。
4　外国人児童生徒数・日本国籍の児童生徒数ともに減少している。

(試験Ⅰ 問題15 問1)

上の問題の答えは1番です。日本語指導が必要な児童生徒は2014年現在で約29,000人いるとされています。文部科学省は日本語学習と教科学習の統合を目指す「学校教育におけるJSLカリキュラム」を作成したり、教材や教員用の手引書を発行したりしています。また、オンライン情報サービスとして、CLARINET（クラリネット）、CASTA-NET（カスタネット）を運営しています。また、2014年から、学習指導要領によらずにカリキュラムを作成できる「特別の教育課程」を編成し実施することが可能になりました。そのほか、外国人児童生徒の母語、学校やセンター校[注3]での具体的な指導方法、JSLカリキュラムの内容、不就学についてもおさえておくべき項目です。

ここで、私の母の話をしたいと思います。母はもともと中学校教諭でしたが、早期退職後、420時間の養成講座を経て日本語教師となり、現在は主に年少者の日本語教育に携わっています。母の活動を紹介しながら、外国人児童生徒の受け入れの問題点について、述べたいと思います。

外国人児童生徒への日本語教育で中心になる

97

注 4：公立学校の教員定数に上乗せする形で配置される
　　教員。

注 5：在籍学級以外の教室で行われる日本語指導等の授
　　業。

のが学校での支援です。母は日本語支援が必要な
児童生徒が在籍する学校から依頼を受け、加配教
員[注4]や担任と連携しながら取り出し授業[注5]や、
放課後に日本語指導を行っています。

　学校支援の問題点として、その子どもに日本
語支援が必要かどうかは学校の判断に任されてい
ることが挙げられるそうです。日常生活には支障
がないので支援を必要としないと判断されても、
学習についていけなくなる場合があり、日本語支
援の有無を判断することが難しいそうです。日本
語教育の専門家には、学校に働きかけ、支援を必
要としている児童生徒が支援を受けられるように
する役割があります。

　また、小学校高学年や中学生で来日した子ど
もは、日本や日本の学校になじめず、帰国してし
まう場合も多いそうです。彼らは自分で来日を決
めたわけではなく、親の都合で来日し、日本の学
校に通わなければならなくなったので、アイデン
ティティの問題で悩んだり、日本文化への帰属意
識が低いため日本語学習が進まなかったりしま
す。こういった年少者の日本語教育には、異文化
接触や子ども特有の異文化適応についての知識が
必要になってきます。

2.5　日本語教育関連事業

　国内の日本語教育に関わる公的な事業を行う
機関には、文化庁、国立国語研究所、国際交流基
金（JF）、日本学生支援機構、日本国際教育支援
協会などがあります。また、日本語・日本語教育
関連の試験には、日本語能力試験（JLPT）、日本
留学試験（EJU）、BJT ビジネス日本語能力テス
ト、OPI、日本語教育能力検定試験などがあり
ます。2010 年に新試験になった日本語能力試験

はその内容についてよく出題されています。N1
〜 N5 の 5 段階の認定レベルがあり、得点等化
された尺度評価で表されます。また、N1 に合格
すると高度人材ポイント制でポイントを得ること
ができます。

　日本語学校での学生の活動の中心はもちろん
日本語学習です。日本で生活するための日本語能
力だけではなく、進学するための日本語を身につ
けなければなりません。まずは日本語能力試験に
合格することが大きな目標の一つです。日本語
学校の在籍期間は最長 2 年間ですが、私が勤め
る学校では、漢字圏学生は N1、非漢字圏学生は
N2 の取得を目指しています。日本語能力試験は
進学先の出願条件や優遇条件などに挙げられてい
ることも多く、合格しておくと有利です。また、
大学に進学するためには日本留学試験で高得点を
取ることも重要です。短い期間で成果を上げるた
めには、これらの試験の内容や特徴を把握し、効
率よく指導することが求められます。

　また、日本語能力試験は海外でも実施されて
いて、海外の学習者の日本語力の一つの目安に
なっています。ところで、私はタイで日本語教師
をした経験があります。海外での日本語教育では、
日本語教育関連事業の知識が役に立ちます。私の
経験を紹介したいと思います。

　私は大学院在学中と修了後の合わせて約 3 年
間、タイの地方の大学で日本語を教えていまし
た。タイは親日国で日本語教育熱も高く、たくさ
んの大学で日本語が学ばれていますし、日本語を
教えている語学学校も多いです。また、日系の企
業も多くあり、駐在する日本人も多くいます。海
外で教える場合は、教科書や教材がすぐ手に入る
というわけではなく、情報も自分から積極的に得
なければなりません。バンコクには国際交流基金

(JF) バンコク日本文化センターがあります。私が教えていたのは地方の大学だったので、回数は限られてしまうのですが、月に1回はそこに行き、教材を見たり、情報を得たりしていました。また、日本人教師のネットワークを作り、教材研究やブラッシュアップセミナーを行ったりしていました。その教師会で観光日本語のカリキュラムを作り、国際交流基金の総会で発表したり、日本語教育紀要に投稿したりしました。海外では、国際交流基金やそれを通じた人脈がとても役に立ちます。

また、私が勤めていた大学には、近くの日系企業から従業員向けの日本語講座が依頼されていました。従業員の終業後、会社の一室を借りて授業を行いました。授業形態や学習者の日本語レベルは会社によってさまざまで、少人数で会話の練習をしたり、日本語能力試験対策を行う場合もあれば、30人近い人数で入門日本語の授業をする場合もありました。企業の方針や到達目標を把握した上で、カリキュラムを提案していました。どんな企業がどのような目的で海外に工場や支社を出しているのか、世界と日本の情勢を知ることも大事でした。

このように、海外での日本語教育は、常にアンテナを張り、さまざまな情報を自分から得ていくことが必要なので、その情報がどこにあるのか知っておくことはとても役に立ちました。

3. おわりに

これまで、私自身の経験をふまえながら、この分野の学習内容を紹介してきました。日本語教師の仕事は日本語を教えることだけではなく、どこで誰に教えるかによって、大きく変わることがわ

かったと思います。目の前の学習者がどんな背景を持っていて、何を必要としているか、日本語の支援だけではなく、ときには学習者の生活まで支援の対象となります。私たち日本語教師が、彼らの一番の理解者であり、日本語を学ぶ場が彼らの安心できる場所になることが、日本語教師の役割ではないでしょうか。この分野は教授法や日本語学のように、日本語を教えることに直結したものではありません。しかし、この分野を学習することは、日本語教師としてだけでなく、人として学習者と信頼関係を築くもととなる知識だと思います。

これから日本語教師を目指すみなさん。日本語教師の職場は世界中にあります。どんな場所でどんな人が日本語を勉強したいと思っているのか、自分はどんな人にどんな支援をしたいのか、この分野の学習をきっかけに、考えてみてください。

参考文献

岡田英夫 (2008).『日本語教育能力検定試験に合格するための世界と日本16』アルク.

鈴木伸子 (2007).『日本語教育能力検定試験に合格するための異文化理解13』アルク.

ヒューマンアカデミー (2017).「社会・文化・地域」『日本語教育教科書　日本語教育能力検定試験　完全攻略ガイド第4版』pp.353-396.翔泳社.

（有田聡子）
弥勒の里国際文化学院日本語学校教務主任。現在小学1年生の長男を筆頭に、3人の息子たちの子育てに奮闘中。彼らのお気に召す公園を探すのが日課になっています。趣味はピアノ。いつか息子たちと連弾ができる日を楽しみにしています。

Chapter3　言語と社会

1. なぜ「言語と社会」の知識が必要か

　日本語教師が日々日本語の授業をする上で、「言語と社会」の分野を学ぶことにはどのような意味があるのでしょうか。

　以前、私は学習者から次のような質問を受けました。「先生、先生は授業で『全然』の後は必ず『ない』がつくと教えました。でも、アルバイト先の友だちは『全然大丈夫』と言います。どちらが正しいですか」この学習者の質問に、みなさんならどう答えますか。

　この事例からわかることは、ことばというのは辞書や文法書に載っているような規範的な意味・機能だけでなく、そのことばが使われる文脈や社会との現実的なつながりまでを視野に入れないと、その実態を的確に捉えることができないということです。この視点とそれをふまえた授業実践がなければ、学習者からいずれ「先生の教える日本語は、教室の外では使えません」と言われてしまうでしょう。日本語教育能力検定試験（検定試験）で「言語と社会」が設けられている理由は、まさにそこにあると言えるのです。

2.「言語と社会」の概要

　では、検定試験では「言語と社会」でどのような知識や能力を測ろうとしているのでしょうか。試験実施団体である日本国際教育支援協会は、「言語と社会」の測定内容を以下のように定めています。

（1）言語と社会
　言語教育・言語習得および言語使用と社会との関係を考えるために，次のような視点と基礎的

な知識を有し，それらと日本語教育の実践とを関連づける能力を有していること。

・ 言語教育・言語習得について，広く国際社会の動向からみた国や地域間の関係から考える視点とそれらに関する基礎的知識
・ 言語教育・言語習得について，それぞれの社会の政治的・経済的・文化的構造等との関係から考える視点とそれらに関する基礎的知識
・ 個々人の言語使用を具体的な社会文化状況の中で考える視点とそれらに関する基礎的知識

(日本国際教育支援協会ホームページより)

　このように、「言語と社会」の分野においては「社会」を「国際社会」「それぞれの社会」「具体的な社会文化状況」という三つの段階に分け、それぞれの段階での言語教育や言語習得との関係から考える視点と、関連する知識の習得を目指していると言えます。冒頭で挙げた「全然大丈夫」などは、まさに具体的な社会文化状況と言語との関係の一例と言えます。

　では、こうした方針のもとで、実際の試験ではどのような内容が出題されるのでしょうか。日本国際教育支援協会は、「言語と社会」の具体的な出題範囲を次のページのように定めています。なお、表中の太字の項目は優先的に出題されるもので、「基礎項目」と言います。

表1：日本語教育能力検定試験　出題範囲「言語と社会」

1．言語と社会の関係
 (1) 社会文化能力
 (2) 言語接触・言語管理
 (3) 言語政策
 (4) 各国の教育制度・教育事情
 (5) 社会言語学・言語社会学
2．言語使用と社会
 (1) 言語変種
 (2) 待遇・敬意表現
 (3) 言語・非言語行動
 (4) コミュニケーション学
3．異文化コミュニケーションと社会
 (1) 言語・文化相対主義
 (2) 二言語併用主義（バイリンガリズム（政策））
 (3) 多文化・多言語主義
 (4) アイデンティティ（自己確認，帰属意識）

このように見てみると、確かに「社会」というものが国際的なレベルから個人のレベルまで幅広くあるということ、そして、それら一つひとつに「言語」が関わっているということがわかります。言語と社会は切っても切れない関係なのです。

3．どのような知識が必要か

以前、こんな話を聞いたことがあります。日本の企業に就職した元留学生が、仕事の都合でどうしても夜中に上司の自宅に電話しなければならないことがありました。どう切り出せば失礼にならないか考えたとき、社員研修で学んだ「夜分恐れ入りますが」というフレーズを思い出しました。ですが、夜中も夜中でもっと丁寧に「お」をつけて言ったほうがよいと考えたその元留学生は、電話口に出た妻に向かって「お夜分恐れ入ります」と言ったそうです。妻が夫である上司に「あなた！部下に親分って呼ばせてるの？」と言っているのを電話越しに聞いたときには、顔から火が出るほど恥ずかしく、このときほど敬語を学ぶことの重要さを痛感したことはなかったそうです。これなどはまさに、「言語と社会」の知識の重要さを物語る逸話と言えるでしょう。

それでは、「言語と社会」では具体的にどのような知識が必要なのでしょうか。ここでは、表1で挙げた出題範囲の中から「基礎項目」に絞って解説することにします。

3.1　社会文化能力

日本語教育ではじめて社会文化能力の重要さを唱えたのは、J.V. ネウストプニーだと言われています。

彼は、日本人と接触する文化の異なる人の抱える問題は、正しい文を作るかどうかといったことではなく、日本人との相互行動すなわちインターアクションにある。そして、この問題を解決するためには「言語」教育だけでなく、文化や社会を十分考慮したインターアクション教育が必要であるとしました（J.V. ネウストプニー，2002, p.1）。そのためには、まず、そもそも文化とは何かという問題をはっきりさせておかなければなりません。J.V. ネウストプニーは、文化の構成要素を文法能力、文法外コミュニケーション能力、社会文化能力という三つからなるとしました（J.V. ネウ

| 101

注1：言語を構成する根本原理を理論的に解明すること
　　を目指した学問分野。

ストプニー , 2002, p.4）。

　文法能力とは、私たちがことばでコミュニケー
ションを行おうとする際に必要な、正しい文を作
るための能力を言います。例えば、デパートで洋
服を買うとき、店員に「これはいくらですか」と
か「これをください」などと言うでしょう。これ
を「かこれいくらはです」とか「これにください」
と言えば、コミュニケーションが成立しなくなる
わけです。

　しかし、同じことを聞くにしても「これをく
ださい」と「これ、ちょうだい」ではずいぶん印
象が違います。使用場面や相手によって言い方を
変えなければなりません。このように、誰が、ど
こで、何を、どう言う（あるいは聴く、書く、読む）
かといった文法外のコミュニケーションルールに
関わる能力のことを文法外コミュニケーション能
力と言います（J.V. ネウストプニー , 2002, p.4）。

　ところが、そもそも私たちがデパートで洋服
を買うためには、デパートのどこに洋服売り場が
あるかとか、支払いはレジで行うとか、日本のデ
パートでは通常値段の交渉はしないといった文化
的な背景知識がなければなりません。このように、
コミュニケーションの背後にある社会的・文化的
知識に関わる能力のことを社会文化能力と言いま
す。社会文化能力には「日常生活の行動、経済、
政治、思想行動」（J.V. ネウストプニー , 1995,
p.42）などが含まれます。とりわけ文化の異なる
相手とコミュニケーションを円滑に行うために
は、この社会文化能力が不可欠と言えます。

3.2　言語政策

　学習者の言語的背景を知ることの重要性は言
うまでもありませんが、それは単に学習者の母語

を知るということにとどまらず、彼らの母国での
言語環境つまり国家レベルでの言語政策を知ると
いうことも含まれます。こうした情報は、私たち
日本語教師に学習者それぞれの言語観や言語学習
観、言語学習歴など、さらなる情報を得る手がか
りを与えてくれます。

　例えば、ヨーロッパでは国をまたいだ人の移
動が日常的に行われていることから、一個人が複
数の言語使用者であることが当たり前となってい
ます。彼らは子どものときから日常的に外国語
に接し、その必要性を肌感覚として理解し、当
然のこととして外国語を学んでいます。さらに、
そうした複言語環境を円滑に機能させるために
は、次の問題として、個人の言語能力を客観的
かつ統一的に測定、証明するシステムが必要で
す。そこで、ヨーロッパではヨーロッパ言語共
通参照枠（Common European Framework of
Reference for Languages：CEFR）と呼ばれる
言語能力を測定するガイドラインを国家レベルの
施策として策定しました。こうして作成された
CEFR は、ヨーロッパ圏内の教育関係者や学習
者のみならず、教育行政など言語教育に携わるす
べての人が言語能力を参照できるツールとしての
役割を果たしています。つまり、ヨーロッパ圏の
学習者にとっての外国語学習（第二言語学習）は、
その学習動機から能力測定、実際の使用に至るま
で、実生活に深く根づいた存在であると言えます。

3.3　社会言語学・言語社会学

　現代言語学の父といわれたソシュール以降、
言語学においては理論言語学[注1] がその主流でし
た。これに対し「人間不在の言語学に何の意味が
あるのか」「社会における実際の言語使用の解明

こそが言語学の使命である」という立場から生まれたのが社会言語学です。社会言語学を一言で言えば、実際に人間がことばをどのように使用しているか、そしてそこにどんな法則性があるのかを追究する学問であると言うことができます。

例えば、文化庁は全国の16歳以上の男女を対象にした「国語に関する世論調査」を毎年実施しています。平成27年度の調査では、ら抜き言葉の使用についての調査を行いました。そのうち「来られますか」と「来れますか」のどちらの言い方を普通使うかについての調査結果は、図1のとおりです。

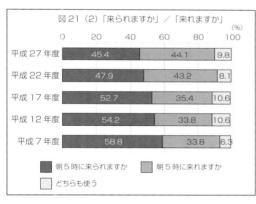

図1:「来られますか」／「来れますか」

この結果から、「来れますか」の使用者の割合が年々高まっており、平成27年度では両者はほぼ肩を並べた状況であることがわかります。ときどき学習者から「授業では『来られます』を勉強しましたが、アルバイト先の友だちは『来れます』を使います。どちらが正しいですか」といった質問を受けることがあります。これに対して、「『来れます』は文法的に正しくないからダメ！」と言っても、学習者はおそらく納得できないでしょう。

しかし、こうした社会言語学の知見に基づいて、「文法的には正しくないですね。ですが、日本人の中にも『来れます』という言い方を使う人はいます。また、その言い方を不快に感じる人もいます。それをふまえた上で、使うかどうか判断してくださいね」というアドバイスができるわけです。

3.4 待遇・敬意表現

コミュニケーションというものは、何を伝えるか（＝伝達内容）だけでなく、どう伝えるか（＝伝達様式）も重要であり、両者があたかも車の両輪のように連動して成り立っています。特に後者について、日本語の場合は敬語を中心とした待遇・敬意表現が重要な役割を担っていると言えます。

日本語の敬語は、聞き手や話題の人物との相対的人間関係によって、表現を使い分ける敬語体系で、これを相対敬語と言います。例えば、社内では上司に対して敬語を使いますが、取引先に自社の上司を紹介する際には、本人の前であっても呼び捨てにします。一方、相手との相対的人間関係に関係なく、敬意を示すべき対象には常に敬語を使う敬語体系を絶対敬語と言います。韓国語は一般に絶対敬語であると言われています。こうした敬語体系の異なる者同士が、例えばビジネスの場で会話をするとどうなるでしょうか。日系企業で働く韓国人ビジネスマンが、自社の上司を取引先の日本人に紹介する際、「わが社の田中課長でいらっしゃいます」などと言ってしまったら、取引先の日本人はその上司より格下扱いされたと感じるでしょう。もちろん、その後の取引の行く末は推して知るべしです。このように、敬語体系の異なる韓国語母語話者が母語の敬語体系のルールにしたがって日本語の敬語を使うと、相手の日本

人に対して思わぬ誤解を与える可能性があるということを、私たち日本語教師は十分認識し、日本語指導に当たる必要があります。

3.5 言語・非言語行動

言語行動とは、文字どおり言語によって何らかのコミュニケーションをする行動のことで、「バーバルコミュニケーション」とも言われています。一方、非言語行動とは、言語によらずに行うコミュニケーションのことで、「ノン・バーバールコミュニケーション」とも呼ばれています。特に、後者については、私たちが普段何気なく行っているジェスチャーの中にも、ある文化圏ではとても受け入れられないメッセージ性を含んでいる、ということがありますので注意が必要です。

私は以前授業中に「OK! OK!」と言いながら親指と人差し指で円を作るジェスチャーをしたところ、ブラジル出身の女子学生に「先生、やめてください！」と言われたことがあります。あとで調べたところ、それはブラジルでは卑わいな意味を表すものであるということがわかりました。ジェスチャーの持つメッセージ性について考えさせられた経験でした。

このほか、例えばインドネシアでは左手でものを渡してはいけません。世界最大のイスラム国であるインドネシアでは、左手は「不浄の手」と言われ、左手を使って相手にものを渡すのは大変失礼な行為となります。したがって、食事のときはもちろん、対人コミュニケーションの際にも、必ず右手を使います。

こうしたことは、日本語教師だけでなく学習者間でも問題になることがあります。クラスで、日本人やクラスメートの気になるジェスチャーについて話し合ってみるとよいでしょう。

3.6 多文化・多言語主義

現在、日本には 200 万人以上の外国人が生活しています。また、その出身国・地域も 200 近くに及んでいます。これは、それだけさまざまな言語や文化背景を持った人が日本で生活しているということを意味します。こうした中でよりよい社会を築いていくためには、どういったことが大切でしょうか。そこで、重要な示唆を与えてくれるのが、多言語・多文化主義、複言語・複文化主義という考え方です。

多言語主義とは、社会の中に複数の言語が存在することを肯定的に認め、それぞれの言語話者の共存を推し進めようとする主義・主張のことを言います。多言語使用と言われる場合もありますが、この場合は、個人や社会で複数の言語が使用されている状況を指します。また、多文化主義とは、多くの文化の存在を肯定的に認め、多文化共生を推し進めようとする主義・主張のことを言います。一方、これらとよく似たものに複言語主義、複文化主義というのがあります。これらは、多言語主義や多文化主義と同様、複数の言語や文化の存在を肯定的に認める主義・主張である点で共通しています。両者の違いは、多言語・多文化主義はさまざまな一言語一文化を持つ個人や集団がそれぞれ別々に存在している状態であるのに対して、複言語・複文化主義は、複数の言語や文化コードを持った一個人が状況に応じて必要な言語や文化コードを使い分けている状態である点です（図2）。

図2：多言語・多文化主義と複言語・複文化主義

現在すでに200万人以上の外国人が住んでいることを考えれば、日本はすでに多言語・多文化社会であると言えるでしょう。そのような中で、今後どのような共生社会を築いていくかが、これからの日本に課せられた大きな課題と言えます。日本語教育は、そうした社会を実現するため、「壁としてのことば」を「相互理解を実現するためのツールとしてのことば」に変化させ、人や社会を変容させることをその使命としており、検定試験はそれができる専門家を育成するための最初の関門と言えるわけです。

4．おわりに

　日本語の授業と言うと、とかく社会とは切り離された教室という密室で行われる行為と考えがちです。しかしながら、学習者の日本語力は実社会の中で実際に使ってはじめてその真価が発揮されます。そう考えると、普段の授業でも常に社会とのつながりを意識すべきでしょう。単に「学びのための学び」ではない「実社会に開かれた授業」を実現するためにも、検定試験を通じて「言語と社会」の知見を身につける意義は非常に大きいと思います。

参考文献

河原俊昭 (2002).『世界の言語政策 − 多言語社会と日本 − 』くろしお出版.

小池生夫 (2003)『応用言語学事典』研究社.

真田信治・岸江信介編 (1990).『大阪市方言の動向 − 大阪市方言の動態データ − 』文部科学省科学研究費補助金（一般研究B）「幕末以降の大阪口語変遷の研究」研究成果報告書.

J.V. ネウストプニー (1995).『新しい日本語教育のために』大修館書店.

J.V. ネウストプニー (2002).「インターアクションと日本語教育―今何が求められているか―」『日本語教育』112号 ,p.1-14. 日本語教育学会.

公益財団法人日本国際教育支援協会＞日本語教育能力検定試験：http://www.jees.or.jp/jltct/ （2017年8月25日閲覧）

独立行政法人国際交流基金：http://www.jpf.go.jp/j/ （2017年8月30日閲覧）

文化審議会「敬語の指針」：http://www.bunka.go.jp/seisaku/bunkashingikai/sokai/sokai_6/pdf/keigo_tousin.pdf （2017年8月30日閲覧）

文化庁「平成27年度「国語に関する世論調査」の結果の概要」：http://www.bunka.go.jp/tokei_hakusho_shuppan/tokeichosa/kokugo_yoronchosa/ （2017年8月30日閲覧）

（篠﨑大司）

別府大学文学部国際言語・文化学科准教授。株式会社篠研代表取締役。趣味は剣道で、2018年、六段に一発合格しました。また、同年大学教員のかたわら株式会社を設立、教員養成や日本語能力試験N1対策などを行っています。別府在住。日々、源泉かけ流しの天然温泉を満喫しています。

Chapter4 言語と心理

1. 言語と心理の出題傾向

　「外国語を聞き流すだけで話せるようになるって本当？」「子どもをバイリンガルに育てるにはどうすればいいの？」「カルチャーショックは誰にでも起こるの？」みなさんは、外国語の学習や海外留学中などにこのような疑問を持ったことはないでしょうか。ここで扱う「言語と心理」の分野は、上記のような疑問を解く鍵となる「言語理解の過程」「言語習得・発達」「異文化理解と心理」という三つの大きな軸から構成されています。

　語学教師と言うと、まずはその言語に関する知識を持っていることが最も大切だと思われがちですが、学習者にことばがどのように理解され習得されるのかといった過程や、異文化と遭遇した学習者がどのような困難を抱えるのかという知識を持っておくことは、より効果的な授業実践を行ったり、学習者の学びや暮らしをサポートしたりするためにとても重要です。

　ここでは「言語と心理」の出題範囲の中でも、優先的に出題される基礎項目（表1）を中心に、日常の身近な事例と重ねながら考えていきます。検定試験の合格に必要な知識を得られるだけでなく、具体的な事例を想像することで、将来の授業実践がより楽しみになることでしょう。

2. 求められる知識

2.1　言語理解の過程

　私たちは、友人との会話や、メールなど、ある程度まとまった談話を構築するとき、どのようにことばを記憶したり、理解したりしているのでしょうか。「言語理解の過程」という分野は、こ

表1：日本語教育能力検定試験　出題範囲「言語と心理」

```
１．言語理解の過程
 （1）予測・推測能力
 （2）談話理解
 （3）記憶・視点
 （4）心理言語学・認知言語学
２．言語習得・発達
 （1）習得過程（第一言語・第二言語）
 （2）中間言語
 （3）二言語併用主義（バイリンガリズム）
 （4）ストラテジー（学習方略）
 （5）学習者タイプ
３．異文化理解と心理
 （1）社会的技能・技術（スキル）
 （2）異文化受容・適応
 （3）日本語教育・学習の情意的側面
 （4）日本語教育と障害者教育
```

うした私たちの日常生活に深く関わる言語活動を、認知的な側面から見つめるものです。学習者の記憶や理解のメカニズムを直接見ることはできませんが、それを知ることは、より効果的な教室指導につながる有意義な情報を与えてくれます。

　特に、近年改めて注目されているのが、ワーキングメモリ（作動記憶）です。「ワーキングメモリ」の説明として最も適当なものを、次の1～4の中から一つ選ぶという問題が平成28年度に出題されています。

1 目や耳から入ってきた情報を1/2秒程度保持する記憶である。

2 文字や語の意味等、事物に関する半永久的な記

106

注1：情報を頭の中で繰り返したり、声に出して復唱したりすること。

注2：感覚的に受け取った情報の内容を記憶として取り込むこと。

憶である。

3 音楽や運動、文法処理などのスキルに関する記憶である。

4 短期的な情報の保持と情報処理に用いられる記憶である。

(試験Ⅰ 問題9問1)

正解は4です。例えば、「18 + 24 − 15」という計算を暗算で行う際、私たちは「18 + 24=」という暗算を先に行い、42という答えをワーキングメモリに保持しながら、15を引くという計算（処理）を行います。ワーキングメモリはこのような記憶に関する情報の一時的な保持と処理を同時に行う部分だと言われています。では、学習者が単語などを記憶するまでの過程はどうなっているのでしょうか。授業中に教師が話したり書いたりした内容、つまり学習者が感覚的に受け取った情報は感覚記憶として一時的に保持されます。そのうち、注意が向けられた一部の情報のみ、短期記憶と呼ばれるところへ送られます。さらに、このうちの一部が一時的なリハーサル注1や符号化注2を経て、長期記憶に貯蔵されます。短期記憶に送られた内容は時間が経つと忘れてしまうのに対し、長期記憶に貯蔵された内容は一定期間覚えていたり、検索して引き出したりできるようになります。みなさんが昔学習した英単語や恋人との記念日を覚えていたり、「鳴くよ（794年）ウグイス平安京」などと思い出せたりするのは、その情報が長期記憶に貯蔵されているからだと言えます。

実は、ワーキングメモリの容量には制約があることが知られています。例えば、熟達していない外国語を音読する際、正確な発音で読むことに集中すると内容が全然頭に入ってこないという経験をしたことはありませんか。これはできるだけ正確に発音することにワーキングメモリの容量を費やしたため、意味理解まで注意が及ばなかったと考えられます。このように言語理解のメカニズムやワーキングメモリの制約について教師が知っておくことで「今回は内容理解を優先した読みをすることが目的だから、音読より黙読をさせよう」などと授業の進め方を工夫することができます。また、できるだけ学習者の長期記憶に残りやすくするために、語呂合わせを利用したり、繰り返し提示したりするなど、工夫をしていくこともできるでしょう。

2.2　言語習得・発達

「言語習得・発達」では、学習者の習得過程や学習ストラテジーについて問われます。

現場で教える日本語教師にとって重要なのは、学習者のことばを見つめ、その中で問題となる誤りを即座に判断し、なぜそのような誤りが生じたのかという要因を探ることです。これらのステップは、学習者の誤りに対する適切なフィードバックにつながるため、学習者の日本語習得を効果的にサポートすることができます。

例えば、中国人学習者の劉さんが「素敵な服ですね」とクラスメートから褒められたときに「これはとても安いの服です」と答えたとします。このとき、たまたま言い間違えた（ミステイク）のであれば、心配ありません。しかし、劉さんが常に「かわいいのかばん」「広いの部屋」というように、形容詞と名詞の間に「の」を付けてしまうようであれば、これはエラーとして扱われ、教師がフィードバックすべき項目となります。フィードバックの際には、なぜこのような誤りが起こっ

| 107

たのかを検討することで、より適切な指導が可能となります。中国語には「の」に類似した意味を持つ「的」という形式が存在します。このように母語が影響していると考えられる場合を、母語の転移と呼びます。しかし、ここでマレーシア人のジュリアさんも「あぁ、安いの服ですか。高いの服だと思いました」と答えたらどうでしょうか。マレーシア語には「の」にあたる形式がありませんから、もしかするとこれは母語の転移ではなく、多くの学習者が抱える問題ではないかと考えなおさなければなりません。例えば、「私の服」「ブランドの服」など名詞を名詞句で修飾する場合、「の」を付与しますので、この規則を広く当てはめすぎた可能性があります。このような原因で起こる誤用を過剰（一）般化と呼びます。もしくは、授業や宿題で「形容詞＋の＋名詞」という誤った形式のまま練習を繰り返してしまい、訂正される機会がなかった可能性もあります。こうした誤りを訓練上の転移と言います。いずれにしても、教師が誤りに気づいた時点で適切なフィードバックをしなければ、このまま「形容詞＋の＋名詞」という誤った形式が化石化（停滞化）してしまい、学習者が使いつづけてしまうかもしれません。

　過去には、「誤りは悪者」だと考えられていた時代がありました。しかし現在は、「誤りは言語習得の過程における一つの段階」であると捉えられています。教師は学習者の誤りを通して、学習者が抱えている習得上の問題や、自身の教え方の欠点などに気づくことができます。つまり、現場の教師にとって、学習者の誤りは「宝物」なのです。学習者の誤りが母語の転移かどうかを判断するには、教師が複数の外国語の知識を持っていると役に立ちます。ただし、何でも容易に母語の転移だと決めつけることはよくありません。さまざ

まな母語を持つ学習者の誤りに常に意識を向けながら、注意深く観察していきましょう。

　ここまで、文法的な誤りや母語の転移などについて見てきましたが、プラグマティック・トランスファー（語用論的転移）に関する問題も近年頻繁に出題されています。プラグマティック・トランスファーとは、文法的には誤りでないのに、自国の社会文化的規範を目標言語に適応させることで起こる不適切な表現を指します。例えば、友人から「これ一つ食べてみない？」とお菓子を勧められたけれど、お腹がいっぱいで食べられないとき、みなさんはどう返事をしますか。「あ、ちょっと今は…」などと、曖昧な表現でやんわりと断るのではないでしょうか。ところが私の知り合いのニュージーランド人であるマリウスさんは「いえ、結構です」と断り、周りに冷たい印象を与えてしまいました。これは断りの際にはっきりと伝える英語の "No, Thank you" からの転移だと考えられます。

　このように、学習者の誤用の背景にはさまざまな要因があると考えられます。「教えたことができるようになっていない！」とただ怒るのではなく、なぜそのような誤用が起こるのか、一度立ち止まり、誤用が起こらないようにするにはどうすればよいかを考えられる教師を目指してください。学習者が創り出す言語体系（母語でも目標言語でもなく不完全ではあるものの、それ自体が独自の規則を持ち、目標言語に向かって変化していくもの）を中間言語と呼びますが、学習者の中間言語や誤りは、教師にたくさんの指導のヒントを与えてくれると言えるでしょう。

　次に学習スタイルとストラテジーについて考えていきましょう。中学校の英単語テストを思い出してください。みなさんは、単語を覚えるとき

注3：外国籍の子どもに加えて、国際結婚によって日本国籍になった子ども、外国籍の親がさまざまな事情によって届け出を行わなかった子どもなど、さまざまな形で外国にルーツを持つ子どもたちのこと。

どのようにしたでしょうか。繰り返しノートにスペルを書く派でしたか？　単語帳？　語呂合わせ？　もしくはイラストを書いて覚えたでしょうか？　このように学習者が言語学習の際に行う工夫をストラテジー（方略）と呼びます。私たちには、自分に一番合っていると考える方法がそれぞれにあり、ときにその方法が誰にとっても最も優れた学習法だと錯覚することもあるでしょう。個々が持つ言語学習に関する信念のことを学習ビリーフ（ス）と呼びます。日本語教師は学習者に指導する際に、自身の経験やビリーフスに基づく指示を出しがちです。しかし、学習者にはそれぞれの学習スタイルがあり、どの方法が最も効果的なのかという点については個人差がある可能性を考慮することを忘れてはいけません。また、「ネイティブと友だちになれば外国語は勉強しなくても話せるようになる」と信じている人もいますが、内向的な性格の人や誤用のリスクを避けて新しい表現などを積極的に使用しない人は、これが外国語習得に最善の方法とは言えないかもしれません。

　ここで日本語教師にとって重要なのは、自身の言語学習観を客観的に見つめること、そして学習スタイルや学習ストラテジーについて、多様な選択肢を学習者に示すための知識を持つことです。まさに検定試験で問われる内容は現場で求められることとつながっているのです。どのような学習スタイルを選択するか、最終的な選択は学習者に委ねるくらいの柔軟さを持つとよいでしょう。

2.3　異文化理解と心理

　最後に「異文化理解と心理」について見ていきましょう。この分野では、異文化に遭遇した際の心理や適応過程と、外国につながる子どもた

ち[注3]やバイリンガルに関する問題が頻出です。

　日本語教育能力検定試験に合格したら、海外で日本語を教えてみたい！　と思っている人も多いのではないでしょうか。私はマレーシアで1年間日本語を教えていましたが、赴任当時は1日5回のお祈りや手で食べるカレー、トイレットペーパーの代わりにバケツやホースが置かれたトイレなど、たくさんの異文化に遭遇しました。このように異文化と遭遇した際に、それらと折り合いをつけてうまくやっていく能力は異文化間能力と呼ばれます。しかし、異文化の習慣や考え方が母文化の常識と大幅にかけ離れている場合、人は心理的にショックを受けたり戸惑ったりするのが普通です。これがカルチャーショックと呼ばれるものです。どんな人でも異文化に入ると、一度不適応を起こし、その後適応していきます。そして帰国などで自文化に戻ると、直後には喜びや安心感が訪れますが、しばらくするとなかなか自文化に戻れないことを自覚し、再び落ち込むリエントリーショックに直面します。このように、異文化環境に一定期間滞在し、自文化に戻る過程の中で、葛藤と適応を繰り返すことを、その心理状態の形からWカーブ曲線と呼びますが、誰にでも起こることであり、防ぐことはできません。しかし、このような葛藤は適応までの大事な過程であること、永遠に続くわけではないことを知っていれば、それほど落ち込むことなく暮らすことができます。日本に来たばかりの学習者も、カルチャーショックを受けて落ち込みやすい時期や不安定な時期があるかもしれません。学習者の心理面に配慮し、寄り添うことができることも日本語教師に求められる一つの資質だと言えます。

　次に日本で暮らす外国籍の子どもについて目を向けてみましょう。私が通っていた小学校には、

109

注4：異なる二つの言語が分離・独立して頭の中に存在しているという考え方。

注5：異なる二つの言語が共通する部分を有しながら、頭の中に存在し、相互に依存する関係にあるという考え方。

インドネシアと中国から来たクラスメートがいました。彼らは来日当初、日本語を話すことができず、授業についていけませんでした。そこで、二人はときどき、同級生が授業を受ける教室とは別の部屋に呼ばれ、進度や内容を特別に調整した取り出し授業に参加していました。ときには通訳やボランティアが教室に来て、学習や作業の手助けをする入り込み授業となることもありました。このように「日本語で日常会話が十分にできない児童生徒」および「日常会話ができても、学年相当の学習言語が不足し、学習活動への参加に支障が生じている児童生徒」のことを「日本語指導が必要な児童生徒」と呼び、その数は年々増えつつあります。近年では、行政のサポートも少しずつ整いはじめ、地域ボランティアなどによる支援の取り組みも増えてきています。

外国籍の子どものほか、帰国子女や国際結婚の親のもとに生まれた子どもなど、日本語指導が必要だとされる児童生徒は多様です。実は、国際結婚の子どもであっても、2言語ともに年齢相応のレベルまで熟達しているとされる均衡バイリンガルである事例は多くありません。一方の言語のみが年齢相応に達している偏重バイリンガルや、場合によってはいずれの言語も十分身についていない限定的バイリンガルである場合もあります。このようにバイリンガルと一言で言っても、実際には言語熟達度によってさまざまに分類することができます。

また、技能別の言語能力によって分類されることもあります。私の中学時代の同級生のOくんは、両親は日本人ですが、アメリカで生まれ育った帰国子女でした。Oくんは日本語で会話をすることは容易にできましたが、日本語で読んだり書いたりすることが難しく、いつも困っていまし

た。このように、四技能（読む、書く、聞く、話す）の観点から見た場合、両言語で会話はできるが、読み書きができない事例を会話型バイリンガル、四技能すべてを習得している事例をバイリテラル（読み書き型バイリンガル）と呼ぶことがあります。

バイリンガルの言語能力は、学校における言語的困難さに応じて分類されることもあります。分離基底言語能力モデル注4や共有基底言語能力モデル注5など、バイリンガルに関する理論で知られるカミンズは、生活場面で必要とされる言語能力をBICS（生活言語能力）、学校の教科場面で必要とされる言語能力のことをCALP（学習言語能力）と名づけました。前者は、友だちとの会話や買い物に必要な表現など、文脈の支えがある場合に言語を使用できる能力です。それに対し後者は、分析、統合、評価など教科学習に必要とされる高度な思考をともなう言語能力で、文脈からの推測が容易でなく認知的に負担がかかるものです。BICSが2年ほどで習得されるのに対し、CALPの習得には5年〜7年以上かかるという説もあり、児童生徒が学校生活を送る上で難しい問題の一つとなっています。

外国語学習で苦労している人の場合、「バイリンガル」ということばを聞くだけで「羨ましい！」と思うかもしれませんが、その実態は多様であること、実際には均衡バイリンガルやバイリテラルである例は少なく、さまざまな困難があることを知っておいてください。

さらに、日本語指導が必要な児童生徒の家庭での使用言語である継承語をどのように維持していくかも考えていくべき問題です。母語維持のため、積極的に教育を行う継承語バイリンガル教育（維持型バイリンガル教育）もあれば、同化主義

的な目的のもと社会的に優勢な言語へ移行させる移行型バイリンガル教育というものもあります。日本で暮らす外国籍の子どもに対する学校教育の場合、少数派の言語を母語とする児童が、多数派言語による教育を受け習得を目指すため、サブマージョンプログラム（サブマージョン教育）と呼ばれることもあります。

今や、外国につながる子どもの存在は私たちにとって非常に身近な時代ですが、それらの子どもたちには多様な背景があります。言語は、子どものアイデンティティ形成とも深く結びつくものであることから、その習得支援はとても重要であると言えます。日本語指導が必要な子どもを持つ知り合いから相談を受けた場合には、まずはその子どもが置かれている状況を丁寧に聞いてみることが必要でしょう。

3. 学習者に寄り添う日本語教師

みなさんは、どんなフィールドでどんな学習者を対象に日本語を教えてみたいと思っていますか。私は日本語を教えはじめて15年近くが経ちます。最初は大学のそばで留学生や地域住民に日本語を教えるボランティア教師からスタートしました。それから韓国、トルコ、フィリピン、台湾などさまざまな地域で、子どもから大人まで多数の学習者に日本語を教えてきましたが、経験を重ねていくと学習者の母語の転移が起こりやすい箇所をあらかじめ注意して教えたり、誤りのパターンに応じて瞬時にフィードバックをしたりできるようになりました。「言語と心理」分野の理解は日頃の教育実践ととても密接にかかわっているものです。検定試験によって、その知識が確かなものとなり、より深い学習者理解へとつながることは言うまでもありません。

また、英会話教室など、語学学習の機会を持つことで、本節の内容を実感することもできます。私は長年、外国語教室に通っていますが、日本語母語話者が間違えやすい事例を示してくれる先生や、さまざまな学習ストテジーを提案してくれる先生と出会うとうれしくなり、学習のモチベーションが上がります。自身の学習者としての経験を通して、学習者の気持ちがわかる学び続ける教師でありたいと思います。

学習者中心（学習者主体）の日本語教育を行うために、自らの経験に縛られすぎず、また自らの経験をうまく生かしながら、学習者の「ことばの成長」と「こころ」に寄り添う教師を一緒に目指していきましょう。

参考文献

日本国際教育支援協会 (2017).「平成28年度日本語教育能力検定試験試験問題」凡人社.

（小口悠紀子）
首都大学東京人文科学研究科助教。先日（2019年1月）息子を出産し、より強い女性へと成長中。関西弁（私）と標準語（夫）と広島弁（周りの人）のトリリンガルに成長するかな？　と思いながら、小さな命を大切に育てています。

Chapter 5　言語と教育

1. 区分の概要と出題傾向

　「言語と教育」の区分では、日本語教師に求められる知識・能力として、「学習活動を支援するために、基礎的な知識を有し、それらと日本語教育の実践とを関連づける能力」が測定されます。「基礎的な知識」とは、学習活動全体を客観的に分析し問題の所在を把握するための知識および、学習者の抱える問題を解決するための教授・評価等に関する知識です。それに加え、個々の学習者の特質に対するミクロな視点と、個々の学習を社会の中に位置づけるマクロな視点を有しているかも問われます。

　2018年に私が実施したアンケート調査によると、現役日本語教師（ボランティア教師を除く101名）は自分が「教育実践のために必要なさまざまな知識を持っており、教室内外をつなぐ教室活動をデザインできる」と考えていました。また、日本語教師歴が10年以上になると、「学習者のニーズや背景、日本語能力等を的確に把握・分析し、学習者に応じた適切な教育内容・教授方法を選択することができる」「学習者の日本語能力を測定・評価する上で必要となる知識を持っている」日本語教師になれると考えていることもわかりました。

　こうした能力を測定するため、出題範囲の主要項目は、1.言語教育法・実技（実習）、2.異文化間教育・コミュニケーション教育、3.言語教育と情報の三つのカテゴリーに分類されています（表1参照）。三つのカテゴリーの中でも、1. 言語教育法・実技（実習）にある項目は、すべて「基礎項目」（表中の太字）であるため、出題される頻度が高くなっています。なかでも、(1) 実践的知識・能力、(2) コース・デザイン、カリキュラ

ム編成、(3) 教授法、(5) 教育実技（実習）、(10) 目的・対象別日本語教育法は毎年のように出題されています。

表1：日本語教育能力検定試験　出題範囲「言語と教育」

1．言語教育法・実技（実習）
　(1) 実践的知識・能力
　(2) コースデザイン（教育課程編成),カリキュラム編成
　(3) 教授法
　(4) 評価法
　(5) 教育実技（実習）
　(6) 自己点検・授業分析能力
　(7) 誤用分析
　(8) 教材分析・開発
　(9) 教室・言語環境の設定
　(10) 目的・対象別日本語教育法
2．異文化間教育・コミュニケーション教育
　(1) 異文化間教育・多文化教育
　(2) 国際・比較教育
　(3) 国際理解教育
　(4) コミュニケーション教育
　(5) 異文化受容訓練
　(6) 言語間対照
　(7) 学習者の権利
3．言語教育と情報
　(1) データ処理
　(2) メディア／情報技術活用能力(リテラシー)
　(3) 学習支援・促進者（ファシリテータ）の養成
　(4) 教材開発・選択
　(5) 知的所有権問題
　(6) 教育工学

2. 求められる知識

2.1 コースデザイン・教授法

主な出題形式は、以下のとおりです。

①資料（指導案、タスクシート、教師や学習者の発話例など）が提示されます。
②同時に、どのような教育機関か、どのような学習者かについて設定が示されることもあります。
③設定された教育機関における学習者によって、資料の特徴や留意すべき点は何か、どのように資料を改善すればよいか等を選択させる問題が出ます。

③の資料の特徴に答えるだけの問題が出題される場合は、専門用語の記憶で対応できます。例えば、「マルチメディア教材を使用する際の注意点として、最も適当なものを、次の1〜4の中から一つ選べ」という問題です。しかし、ここ数年、①と②をふまえた解答を求める問題が増えています。例えば、平成28年度の検定試験では、以下のような①〜③を複合的に問う問題が出題されています。

①日本語集中講座に関する資料（コースの概要、教室活動の流れ）
②地方自治体が実施した中上級のコース、さまざまな出身国の学習者8名、職業はALT（公立中学校の英語の外国語指導助手）、コース目標はALTとして勤務するうえで必要な日本語力をつけること
③ディスカッションを行う前や職員会議での発表原稿を書く前に学習者に提示する留意点を選択

この問題に解答するためには、設定されている学習目的、学習者の背景、教育機関を考慮する必要があります。上記の例では、ALTのための日本語教室でしたが、さまざまな職業の学習者と日本人との交流のための日本語教室とでは、コースの目標が異なります。もし学習目的が日本人との交流だったら、ALTとして勤務する上で必要な教室や職員室で使う日本語表現を学ぶことはありません。日本語だけでなく、ときには学習者の母語を用いて、日本人とのトラブルを解決する方法や日本人に聞いてみたいことを話し合うといった活動になるはずです。

また、ALTが学習者であるということから、いろいろなことが想像できます。ALTは、出身国がさまざまでも、英語が媒介語（教室で使用できる共通の言語）として使用できること、非漢字圏の学習者であれば、漢字学習をどの程度行うかを考慮しなければいけないことがわかります。もちろん、どのような背景の学習者であっても、個々の学習スタイルや日本語やその他の言語の習熟度は異なります。こうした多様な学習者にとって、よりよい教授法を選択できるかが問われるのです。

ですから、文法訳読法、直接法、オーディオリンガル・メソッド、コミュニカティブ・アプローチなどの教授法の歴史的変遷だけでなく、近年注目されている学習者主体の学習活動についても知っておくとよいと思います。例えば、ピア・ラーニング、ブレンデッドラーニング、ICTを活用した反転授業、タスク中心の教授法（Task-based Language Teaching：TBLT）、内容中心指導法（Content-Based Instruction：CBI）、内容言語統合型学習 Content and Language Integrated Learning：CLIL）などです。

例えば、CLILは、日本語を通して特定の内容（教科やトピック）を学ぶことによって、内容と日本語の両方を身につけることを目指す学習法です。実は、こうした学習法や教授法は、新しいものではありません。これまで、70年代のカナダでのイマージョンプログラム、80年代からアメリカで発展を続けるCBIや内容重視の批判的言語教育（Critical Content-Based Instruction：CCBI）、日本語教育における年少者のための日本語教育、専門日本語教育（アカデミックジャパニーズ、ビジネス日本語、看護・介護のための日本語）など内容を重視した教育がなされてきました。

　では、なぜ現在、CLILが注目を集めているのでしょうか。その理由の中から二つだけ挙げるとすれば、CLILでは、Content（内容）、Communication（言語知識・言語使用）、Cognition（思考）、Community/Culture（協学・異文化理解）という4Cと呼ばれるフレームワークを活用した系統的な授業設計ができることと、CLILが目指していることが現代の社会において求められる能力（批判的思考力、問題解決力、対人交渉力、社会貢献力など）の育成であることが挙げられます。

　CLILのような新しい学習法の基礎的知識（4Cというフレームワークなど）を得ることで、学習者の抱える問題を解決するヒントが得られますし、現代社会でCLILが注目されるに至った経緯を知ることで、日本語教育の実践を社会の中に位置づけるマクロな視点を得ることができます。長年、同じ教育機関で日本語を教えていると、いつの間にか決まった教科書や教材の内容「を」教えることに慣れてしまうこともあるでしょう。しかし、教科書や教材「で」、どういった能力を育

成するかは、教育実践のそのときの社会や学習者によって変わります。よりよい実践方法を選択するためには、自らの経験だけなく、積み重ねられてきた研究や実践をもとに生まれた教授法や学習活動を学ぶことが必要なのです。検定試験では教授法に関する問題が出題されますが、それらの問題に取り組むことは、教授法や学習活動の変遷や特徴を学ぶことにより、日本語教師として成長するといった点で、とても意義があります。

2.2　評価法・語用分析

　表1の(4)評価法と(7)誤用分析も出題されることが多い項目です。(4)評価法については、テストの種類、よいテストの条件、テストの分析方法（統計的な手法）などが出題されています。(7)誤用分析は例年、同じ問題形式で、よくある学習者の誤用（文法、語彙、表記、発音など）などが出題されています。テストは評価法の一つにすぎません。学習者の誤用に気づくため、よくよく観察することも評価法の一つですし、近年は、教授法だけでなく、評価法も学習者主体のもの（自己評価、ピア・レスポンス、ダイナミック・アセスメント（Dynamic Assessment：DA）、タスクベースド・アセスメントなど）が注目されています。

　例えば、DAは、学習者が一人で何ができるのか、できないのかだけでなく、自力で達成することが難しい課題については、どの程度の支援を受ければ達成できるかを見極めようとするものです。そのため、DAは指導と統合された評価であると言われており、DA実施者は単なるテスト実施者や教師ではなく、学習の媒介者と呼ばれています。2.1の最後に述べたとおり、評価法もまた、時代の要請を受けて変化していきます。学習者の

誤用に気づく、統計的な手法を用いて信頼性の高いテスト得点の分析ができるといったミクロな視点だけでなく、現代社会において学習者が直面する課題を解決するためのアドバイスができるかといったマクロな視点で、DA などの新しい評価法の可能性と限界について考えてみてはどうでしょうか。

2.3　知識と視点を得るために

以上のように、「言語と教育」には、過去の問題を丸暗記するだけでは解答できない問題があります。繰り返しになりますが、解答する際は、各問題の設定を十分に理解した上で、授業の目標を達成できる教室活動・教材選択・フィードバックかどうか、その目標が達成できたかを妥当に測れる評価法かどうかを確認してみましょう。また、新しい指導法や評価法については、その開発の経緯についても調べてみるとよいでしょう。

おすすめの勉強法は、新しい教科書の「はじめに」にあたる部分を読むことです。ついつい読み飛ばしているところに、筆者の教育理念や学習観、背景となっている教育理論、おすすめの教室活動などを知ることができます。筆者が書いたほかの教科書や論文を読み広げていくことで、筆者の実践と知識のつながりを体感してみてください。

また、近年注目されている学習活動や評価法について新しい情報を収集することも大切です。日本語教育学会等の全国大会で行われる基調講演、パネルセッション、特別プログラム等は現場の教師や研究者からの要望に応える形で企画されます。学会に参加して情報を収集するのが一番ですが、参加が難しい場合は、インターネットでキーワードや発表者名を検索し、入手可能な資料を読

んでみましょう。これまでに出てきたキーワードを p.117 にまとめたので、手はじめに検索し、調べてみてください。

そうして集めた資料は、ただ読んで覚えるだけでなく、参考にして、できれば地域の日本語教室などで実践してみることをすすめます。実践が難しい場合は、実際に教室で教授法を使うなら、どのようなことが起こるかを想像し、そのメリットとデメリット、使用される教材の特徴、教師が注意すべきことなどを整理してみてください。

日本語教師は、持っている知識を教えるだけでなく、誰に（どんな学習者に）、いつ（どんな時間配分で）、どこで（どんな教室で）、何のために（どんな学習目標のために）、どうやって（どんな教授法で）教えるのかを考えなければいけません。教えたあとも、その授業の効果をなんらかの評価法で確かめ、その結果を授業改善に生かす必要があります。1 回の日本語授業をするだけでも、たくさんのことについて客観的に分析し、計画を立て、問題解決する力が求められるのです。

しかし、自分の失敗を客観的に分析し、問題を解決する力を身につけることは、そう簡単ではありません。自分の授業の映像を見返すのは、はっきり言って苦行です。ところが、他人の授業はどうでしょう。自分の授業よりは客観的に観察できます。「言語と教育」の勉強は、ぜひ、仲間と一緒に取り組んでほしいと思います。仲間と授業に対する考え方を話し合ったり、お互いの授業を見学して、建設的な批判をし合ったり、失敗を分かち合い、褒め合ったりすることで、少しずつ、自分のことも客観的に見る訓練ができます。客観的に見ることができるようになれば、自分が改善したい点を絞り込んで、次の授業に取り組み、実践研究（アクションリサーチ）につなげることも可

115

能です。

このように、検定試験は日本語教師として成長するきっかけを与えてくれます。

3. 日本語教師になぜ必要か

日本語教師に求められる資質や能力に関しては社会の変化とともに今後も議論される可能性がありますが、「言語と教育」に関する知識が、日本語教師にとって、絶対に必要なことは変わりありません。しかし、もしみなさんが教授法や日本語について完璧な知識を持っていたとしても、その知識を教育実践につなげられなければ、宝の持ち腐れです。

とはいえ、誰もが最初は経験のない新米教師です。私が学部を卒業した頃は、どこの日本語学校も3年以上の教育経験（常勤）を採用条件にしていました。ボランティア日本語教室と教育実習の経験しかない私は、同級生と「どうしろって言うの？！」と愚痴を言い合ったものです。しかし、今、振り返ってみると、経験が求められていたことの意味がわかります。経験とは、「言語と教育」の知識があることや、教壇に立って学習者に教えることだけではないからです。

私が学部生だったときは、遊びほうけていて不真面目だった記憶しかなかったのですが、先日、日本語音声学演習という授業での自分の発表資料を発掘して驚きました。「ニックネームの音声学」というテーマで30人以上にアンケート調査をした、A4サイズ11ページに及ぶ大作だったのです。とどめに、結論として、先生方におすすめのニックネームを提案するというおふざけぶりでした。このテーマを選んだきっかけは、学部生が運営しているボランティア教室で、学習者か

ら日本人のニックネームはおもしろいと言われたことでした。それまで、ニックネームについて考えたこともなかったので、その学習者に何も説明できず、がく然としました。語彙や文法の説明でも、会話練習でも、学習者の質問にうまく対応できず、日本人なら日本語が教えられるとは限らないことを痛感しました。だからこそ、大学の講義を聞くときや演習で発表するときは、一つでも教室の運営や授業に役立ててやろうという気持ちでいました。

大学院生になってからは、教室活動集、絵カード、映像教材をリスト化し検索しやすくするプロジェクトを授業で行ったり、有志でタスク研究会や統計勉強会を作ったりしました。非常勤講師として働けるようになったら、常勤の先輩教員に自分の授業を見てもらってコメントをもらったり、教案を作りながら質問攻めにしたりしました。コースの事前事後に行われる講師会では、いつか自分がコースコーディネートをするなら……　と妄想したりもしていました。

振りかえってみると、日本語教育の実践でのつまずきをきっかけに、知識と実践を関連づける大切さに気づけたことが、教師としての成長のきっかけとなったように思います。「言語と教育」の試験問題対策として知識を頭に詰め込むのではなく、大学での授業やプロジェクト、先輩教員のアドバイスを通して学んだ知識を参考に、試しに実践してみて、失敗したら、また知識や新たな視点を補って実践する、というような、トライ&エラーができる、本当に恵まれた環境でした。

日本語教師の多くは、チームティーチングで仲間と協力して日本語を教えます。みなさんも、教育実践に挑戦することを後押ししてくれるような仲間を見つけてください。周りにいなければ、

オンラインで情報を交換するだけでも構いません。新しい知識を得たら、大いに自慢して共有し、実践方法について話し合ってみてください。そうすることで、お互いの経験も共有することができます。

　日本語教育の経験とは、「言語と教育」の知識の量や日本語を教えた時間と同じ意味ではありません。いつか日本語を教えるためにと意識して積み上げてきた「言語と教育」に関する知識や新たな視点、出会った学習者や日本語教師を志す人たちとの関わりすべてなのだと思います。

　「言語と教育」は、経験がない日本語教師の卵にとっては、想像で取り組むしかない部分も多く、難しい区分です。その分、学んでいくプロセスが、日本語教師になった後にも必ず役に立ちます。もっとよい日本語教師になるための糧にしてやろうという気持ちで、「言語と教育」に取り組んでみましょう。仲間とのコミュニケーションを通じてコミュニケーションを学ぶことを理解し、常に学びつづけ、日本語教育をとおした自分自身の人間としての成長に理解と関心を示すことが、これからの日本語教師に求められているのですから。

参考文献

奥野由紀子・小林明子・佐藤礼子・元田静・渡部倫子（2018）.『日本語教師のためのCLIL（内容言語統合型学習）入門』凡人社.

鈴木伸子（2007）.『日本語教育能力検定試験に合格するための異文化理解13』アルク.

小林ミナ（2010）.『日本語教育能力検定試験に合格するための教授法37』アルク.

畑佐由紀子（2018）.『日本語の習得を支援するカリキュラムの考え方』くろしお出版.

本田弘之・岩田一成・義永美央子・渡部倫子（2014）.『日本語教育学の歩き方：初学者のための研究ガイド』大阪大学出版会.

調べてみよう：キーワード

文法訳読法
直接法
オーディオリンガル・メソッド
コミュニカティブ・アプローチ
ピア・ラーニング
ブレンデッドラーニング
ICT
反転授業
タスク中心の教授法
内容中心指導法
内容言語統合型学習
内容重視の批判的言語教育
アカデミックジャパニーズ
自己評価
ピア・レスポンス
ダイナミック・アセスメント
タスクベースド・アセスメント

（渡部倫子）
広島大学大学院教育学研究科准教授。猫と着物とおいしいものが大好きです。今の関心事は、小学4年生の娘と一緒に料理をすること。唯一の英才教育「食いしん坊」が功を奏したのか、娘は一人で朝ごはんが作れるようになりました。

Chapter 6　言語一般

1. 出題区分の概要と出題傾向

　この区分での測定内容は、以下の知識・能力です（日本国際教育支援協会日本語教育能力検定試験 Web ページ http://www.jees.or.jp/jltct/range より）。

・ 現代日本語の音声・音韻、語彙、文法、意味、運用等に関する基礎的知識とそれらを客観的に分析する能力
・ 一般言語学、対照言語学など言語の構造に関する基礎的知識
・ 指導を滞りなく進めるため、話し言葉・書き言葉両面において円滑なコミュニケーションを行うための知識・能力

　これらの知識・能力と日本語教育の実践とを関連づける能力も測定内容に含まれています。
　出題範囲は、以下のとおりです。このうち、太字の項目が、優先的に出題される「基礎項目」です。
　検定試験では、用語の定義・説明やその用語に当てはまる事例を選ぶといった言語学や関連領域の基礎的知識を測る問題、語句・発話・誤用例を言語的観点から分析する能力を測る問題、さらに言語学や日本語学の知見を日本語教育現場での実践（指導法、教室活動、教材作成など）に照らして考える問題が出題されています。なお、近年は特に敬語やポライトネス[注1]に関する問題が頻繁に出題されています（平成 28 年度試験では試験Ⅰ 問題 13、試験Ⅲ 問題 14）。

表 1：日本語教育能力検定試験　出題範囲「言語一般」

　1．言語の構造一般
　（1）言語の類型
　（2）世界の諸言語
　（3）一般言語学・日本語学・対照言語学
　（4）理論言語学・応用言語学
　2．日本語の構造
　（1）日本語の構造
　（2）音声・音韻体系
　（3）形態・語彙体系
　（4）文法体系
　（5）意味体系
　（6）語用論的規範
　（7）文字と表記
　（8）日本語史
　3．コミュニケーション能力
　（1）受容・理解能力
　（2）言語運用能力
　（3）社会文化能力
　（4）対人関係能力
　（5）異文化調整能力

2. 求められる知識と能力

　ここでは、『平成 28 年度日本語教育能力検定試験 試験問題』の一部を例として、「言語一般」で問われる知識や能力が日本語教育の現場で必要とされる理由について述べます。なお、試験問題の番号は改めて振りなおしました。また、私は日本国内の大学で外国人留学生を対象とした日本語教育に従事していますが、以下は、その視点と経験をもとに書いています。

注1：さまざまな定義で使われる用語ですが、ここでは、「円滑にコミュニケーションを行うための配慮」と理解してください。いわゆる「敬意」だけでなく、親しい関係での配慮も含まれます。

注2：言語体系の中で、意味を持つ最小単位のこと。単独で語になったり、他の形態素と結合して語をつくったりします。例えば、「子犬」という語は、＜子＞と＜犬＞という形態素から成っています。

2.1　言語の構造

　検定試験では、日本語を含む言語全般の性質や、諸言語の基本的な特徴について出題されています。

　(1) は、【言語の類型】という観点から、ほかと性質の異なるものを選ぶという問題です。「言語の類型」とは、わかりやすく言えば、文法等の特徴に基づく言語のタイプ分けです。

(1) 【言語の類型】
1　韓国語
2　中国語
3　トルコ語
4　日本語
5　フィンランド語

(試験Ⅰ 問題1 (15))

　(1) では基本的語順によるタイプ分けに関する知識が問われています。中国語のみがSVO（主語－述語－目的語）型で、日本語を含むその他の言語は、SOV（主語－目的語－述語）型に分類されますので、正解は2番です。
　(2) は、英語と日本語とで区別が異なる親族名称を選ぶ問題です。

(2) 日英の親族名称
1　世代の上下関係で区別する「母」と「娘」
2　血族・親族で区別する「母」と「義母」
3　性別で区別する「息子」と「娘」
4　年齢の上下関係で区別する「兄」と「弟」

(試験Ⅰ 問題12 問3)

　正解は4番です。英語の親族名称には、日本語の「兄」あるいは「弟」に一対一で対応する語はありません（brotherに形容詞を付加して区別します）。このような日本語と他言語との類比・対比に関する問題もしばしば出題されます。
　日本語以外の言語について知っておくことで、日本語学習者（以下「学習者」）の視点から日本語を眺めることができます。そして、日本語に接した学習者がどう感じるのか、どのような点に学習者が困難を感じそうかが想像できます。
　例えば、「二重分節性」と呼ばれる、ある音を組み合わせて語（形態素注2）を作り、語を組み合わせて文を作るという言語の性質は、すべての言語に共通する性質ですので、そこで困難を感じる学習者はいないと考えられます（発音の違いには苦労するでしょうが）。しかし、文の中で語を並べる順序は、特に日本語と違うタイプの言語（例えば英語や中国語）の母語話者には、日本語の基礎としてしっかり意識させる必要がありそうです。
　また、「鈴木さんが水をかぶった。」の下線部のような助詞に対応する語がある言語と、ない言語があります。私の経験上、対応する語がある韓国語母語話者は、それほど苦労せず助詞の使い方を覚えます。しかし、助詞に相当する語がない中国語母語話者には、かなり日本語のレベルが上がっても、助詞の脱落、助詞の混同などが頻繁に見られます。
　例えば、私が教えた中国人学習者は、「チラシを配るのアルバイト」「仕事をしたの経験がある」といった文をよく作っていました。このような「の」の誤挿入は、張（2001）によれば、中国語で名詞修飾をする際に使う「的」を、用法上よく似ている「の」に置き換えて訳しているのが原因ということです。中国語の名詞修飾では、修飾語

注3：語の中心的な意味を担う形態素（「語基」）に結合
　　して、主に文法的機能を担ったり、補助的な意味を付
　　加したりする形態素。語基の前に付く接頭辞と、語基
　　の後に付く接尾辞などがあります。

が形容詞でも動詞でも名詞でも、修飾語と被修飾
語の間に「的」を入れます。その影響で、日本語
でも被修飾名詞の前に「の」を入れてしまうよう
です。このような場合は、個別の間違いをいちい
ち指摘するより、日本語では名詞を形容詞、動詞
で修飾する場合に「の」を挿入しないことを明示
的に指導することができます。

　言語学習では文法に限らず、発音、語の選択、
語用論的規範など、すべての側面で学習者の母語
が影響してきます。検定試験に出題される基礎的
な範囲だけでも、学習者の母語と日本語との違い
を把握しておくと、日本語教育の現場で学習者に
合わせた指導の工夫ができます。

2.2　日本語の構造

　検定試験では、日本語の音声・音韻、形態・語彙、
文法、意味、文字・表記、運用上の規範について、
それぞれの専門用語に関する知識だけでなく、具
体的な事例を分析する能力も求められます。

　（3）は、【接辞の付加に伴う品詞変化】とい
う観点でほかと異なるものを選ぶ問題です。
「接辞注3」「品詞」という用語に関する知識に加え、
接辞の付加による品詞変化を分析する能力が試さ
れる問題です。

（3）【接辞の付加に伴う品詞変化】
1　〜がる
2　〜たち
3　〜さ
4　〜める
5　〜的

(試験Ⅰ 問題1 (3))

　「〜たち」という接辞（「接尾辞」）だけ、「仲
間」「先人」といった名詞と結合し、「仲間たち」
「先人たち」といった「派生名詞」をつくるので、
品詞が変化しません。ほかの選択肢は、「恥ずか
しい→恥ずかしがる（形容詞→動詞）」のように、
結合前後で品詞が変化しますので、正解は2番
です。

　ここで使われている「接辞」「品詞」などは、
いわば「業界用語」であり、日本語教師にとって
の「共通語」であるとも言えます。母語話者は、
これらの用語の意味するところを知らなくても、
日本語を使っています。「骨格筋」「平滑筋」「筋
繊維」などの用語を知らなくても身体を自由に動
かせるのと似ています。では、なぜそのような用
語をわざわざ学ぶのでしょうか。

　それは、日本語を客体化して、ふだん使って
いることばができ上がる仕組みを一から捉えなお
すためです。例を挙げながら説明します。

　（4）は【複合動詞の意味】という観点で、ほ
かと異なるものを選ぶ問題です。

（4）【複合動詞の意味】
1　飲み切る
2　使い切る
3　噛み切る
4　出し切る
5　走り切る

(試験Ⅰ 問題1 (7))

　この問題の正解は3番ですが、日本語母語話
者のみなさんは、これら五つの動詞の違いに気づ
くのは案外難しいでしょう。それは、どのような
観点で考えればよいかわからないからです。

　問題にあるように、これらは複合動詞と呼ば

120　|

注4：発話や文の中で取りあげる人物に対して用いる敬語で、尊敬語と謙譲語（謙譲語Ⅰ）が該当します。「先生が召し上がる」という文では、文の主語として「先生」という敬意の対象が取りあげられ、その先生に対して「召し上がる」という尊敬語が使われています。

れます。言語学で「複合動詞」について勉強すると、それが複数の「形態素」（あるいは「語基」）という要素を合成して作られる動詞であるということも学びます。これが分析的な見方の第一歩です。要素に分解すると、「飲む＋切る」「使う＋切る」のように、後部の要素がすべて「切る」となっていることに容易に気づけます。さらに、複合動詞の後部要素は、「アスペクト」（事態の時間的局面）を担う場合があるという知識があれば、（4）の3以外の複合動詞は、＜完全に～しおわる＞というアスペクト的な意味を含んでいることに気づけます（ちなみに、3の「噛み切る」だけ、「切る」が＜切断する＞という本来の意味を担っています）。これらは、「複合動詞」について専門的に学んでいるがゆえにできる分析的な見方です。

言語学の専門用語は、現実で使われていることばを分析する中で作られてきました。専門用語を学ぶときは、同時にその用語に含まれる分析方法も学びます。名詞や動詞といった国語で親しんできた品詞分類も、実はことばの文法的な性質による分類であり、その分類基準を知ることは、日本語の分析方法の一つを知ることでもあります。つまり私たちは、専門用語を学ぶことを通して、ことばを分析する眼を養うことができるのです。

したがって、検定試験のために言語学の専門用語を学ぶことは、日本語を分析するトレーニングを積むことでもあると言えます。日本語教育の現場では、教材（教科書や生の素材）に含まれている日本語を、教師自身が分析して授業の準備をしなければなりません。言語学を通して身につけたことばを分析する眼は、そのときに大いに活用されます。また、学習者が産出した日本語の誤りについて分析する際にも、同様の知識が大変役立ちます。

2.3　コミュニケーション能力

検定試験では、日本語が実際の社会的場面でどのように使われるか、そこにどのような要因が関わっているかという点についての知識や分析能力も問われます。

社会的場面では、同じ内容について言う場合でも、場面、人間関係、自分の立場、話題など、さまざまな要因を考慮して表現の仕方を変えなければなりません。その典型例は、敬語です。（5）は、「話題の人物」に対する敬語[注4]の記述として適当なものを選ぶ問題です。

（5）「話題の人物」に対する敬語
1　「お・ご～する」形式の使用は、話題の人物が謙遜していることを表す。
2　「お・ご～になる」形式の使用は、話題の人物に対する敬意を表す。
3　話題の人物に対する敬意を表すものが、対者敬語である。
4　話題の人物に対する敬意を表すものが、絶対敬語である。

（試験Ⅲ　問題14　問1）

正解は2番ですが、この問題を解くには、まず「話題の人物」が発話で取りあげられる人物であること（人間関係の一部）、「お・ご～になる」が「話題の人物」に対する敬意を表す尊敬語の形式であることを理解していなければなりません。

日本での就職を希望する留学生は、総じて、敬語の学習には積極的です。日本の社会的場面では、敬語が必須であることを知っているからです。日本語教師を目指す人の中には敬語について苦手意識がある人もいるかもしれませんが、十分な知

注5：社会言語学者 E. ゴッフマンが『儀礼としての相互行為』（浅野敏夫訳、法政大学出版局）の中で用いた、「面目」「体面」に近い概念。他人から好意的関心を持たれたい、認められたいという「ポジティブ・フェイス」と、他人から干渉されず、自由に振る舞いたいという「ネガティブ・フェイス」とがあります。

識と運用能力を身につけておく必要があります。

ただし、敬語の分類や形式だけを覚えていても、実社会でのコミュニケーションはうまくいきません。言語学習は、目標言語で文法的に正しい文を作れるようになるための練習になりがちです。しかし、作った文を実際にどのような場面で使えばよいのか、使ってはいけないのかといったことも理解していないと、社会的場面でのトラブルにつながることがあります。

教育現場の話から離れますが、プロ野球チームの広島東洋カープに、ドミニカ共和国出身のクレートさんというブルペン捕手がいます。彼は同郷のバティスタ選手の通訳も務めています。ある日、クレートさんはバティスタ選手のヒーローインタビューで、球場のファンへ向けたメッセージを訳し、「また応援に来てください、ませんか」と力強く言いました。が、期待に反して観衆からは大きな笑いが生じてしまいました。

おそらくクレートさんは、「お客様」相手なので、最大限丁寧にお願いをしようとしたのでしょう。実際、かなり丁寧な依頼の形式ではありますし、文法も敬語も間違っていません。ただ残念ながら、野球観戦に来ているお客さんに対する呼びかけには合わない言い方だったために、おかしさを生む結果となってしまったのです。

「～くださいませんか」は、話し手のみに利益があり、聞き手には応じる義務がなく、負担感が生じる依頼の場合に使われます。聞き手に利益がある「勧め」の場合に使うと、むしろ失礼にも感じられます（庵・高梨・中西・山田, 2001, p. 491）。球場のファンは、自分たちの楽しみのために進んで来ていますので、クレートさんの言い方がおかしく感じられたのです。

学習者は、社会的場面において自分自身でそ

の場面、人間関係、話題に合ったことばを選んでコミュニケーションをしなければなりません。日本語教師は、表現選択の要因や、ある形式の発話が特定の場面に合う／合わない理由について十分理解し、指導することが望まれます。

検定試験では、運用場面での表現選択の背後にある要因として、Brown & Levinson（1987）の「フェイス注5」や「ポライトネス」について頻繁に出題されています。(6)は、「ポジティブフェイス」への配慮の例を考える問題です。「相手に関心を示すこと」がポジティブフェイスへの配慮の一つですので、3番が正解です。

(6)「ポジティブフェイス」への配慮の例として最も適当なもの
1 相手を非難するときに「私が悪いのかな？」と聞く。
2 相手の壊したものを「壊れちゃったかも」と言う。
3 相手の髪型の変化について話題にする。
4 相手が断りやすい表現で飲み会に誘う。

(試験 I 問題 13 問 3)

また、社会的属性など、さまざまな要因による語の選択（「位相」）に関する問題も出題されます。(7)は、人称表現と人物像との適切な組み合わせ選ぶ問題で、正解は1番です。

(7)「特定の人物像を想起させる言葉」の例として最も適当なもの
1 知的階級の男性を想起させる「わがはい」
2 純朴な町人の男性を想起させる「それがし」
3 わがままな幼い少女を想起させる「わちき」

4 教養や知性のある女性を想起させる「あたい」

(試験Ⅰ 問題 11 問 5)

　(7) で取りあげられている表現は、現代日本
の日常生活では使わないですし、あえて指導する
こともありません。ただ、日本のアニメ、漫画、
ドラマ、小説などに関心を持っている留学生も多
く、そこで使われている日本語をよく覚えていま
す。周囲の大学生が使っている「若者ことば」も
よく覚えます。

　教師としては、そのような日本語がいつでも
使えるものではないこと、場面への適否、その理
由を指導できることが望まれます。したがって、
教科書的な日本語だけでなく、検定試験で出題さ
れる現実社会のさまざまな日本語についても把握
しておく必要があります。ちなみに、アニメや漫
画の話は、日本語の授業より数倍盛り上がること
も、知っておくと役立つでしょう。

3. おわりに

　言語一般で問われるような「ことばを観る眼」
は、日本語教師に必要な資質です。複雑に細分化
された専門用語にうんざりすることもあるでしょ
うが、うんざりすること自体、努力している証で
す。目標に向かって、しっかりうんざりしつづけ
ましょう。

参考文献

庵功雄・高梨信乃・中西久美子・山田敏弘 (2001).『中
　　上級を教える人のための日本語文法ハンドブック』
　　白川博之監修、スリーエーネットワーク.

張麟声 (2001).『日本語教育のための誤用分析—中国語
　　話者の母語干渉 20 例』スリーエーネットワーク.

Brown, P. & S. C. Levinson (1987). *Politeness:
　　Some Universals in Language Usage*. Cambridge:
　　Cambridge University Press.

(杉本巧)
広島国際大学看護学部准教授。最近、「ハニー
ディッパー」という道具を生まれてはじめて使い
ました。まさにスペシャリストです。潔く完璧な
仕事ぶりに、少し嫉妬してしまいました。

Chapter 7 聴解

1.「試験Ⅱ」の出題傾向

　語学教師は、探偵や犯罪捜査官と似ているかもしれません。捜査官は、現場に残された痕跡や証拠から、事件の経緯や原因を探ります。経験豊富な捜査官が、焦げ跡一つから即座にさまざまな情報を読み取るように、ベテラン教師は学習者の誤用から、誤りの原因や学習レベルなどさまざまなことを推測します。

　試験Ⅱはこのような教師の実践力を問う問題であると言えます。学習者の誤った発話に対して、正しい答えを与えリピートさせるだけなら、誰にでもできるでしょう。しかし、それでは学習者の日本語力を伸ばすことはできません。学習者の誤りを的確に捉え、誤用の原因を推測し、次の指導への手掛かりを探る。これらは教師に求められる基本的な能力であり、それを測ろうとしているのが試験Ⅱだと言ってもよいかもしれません。

　試験Ⅱは一般的に「聴解」と呼ばれるセクションですが、日本語教育能力検定試験の出題範囲に「聴解」という項目はなく、「各区分における測定内容」にも特別な記述はありません。試験Ⅱの測定内容については「試験Ⅰで求められる『基礎的な知識』および試験Ⅲで求められる『基礎的な問題解決能力』について、音声を媒体とした出題形式で測定する」とあります。つまり、出題範囲は「全部」で、問題が音声で出されるということになります。ここだけ読むと途方に暮れてしまいそうですが、出題内容はある程度決まっています。障壁となるのは出題範囲の広さよりむしろ、問題への取り組み方かもしれません。問題が音声で提示されるということは、即時的な判断と処理が求められます。また出題は、学習者との対話や指導場面が中心となっています。表1に、試験Ⅱの問題構成を示します。

　試験Ⅱは30分で40点満点と、試験全体に占めるウエートは少ないですが、基礎的な知識だけでなく、その知識を指導に生かせるか、教師としての実践力が問われる試験と言えるでしょう。では具体的に出題傾向について見ていきましょう。

表1：試験Ⅱ（聴解）の構成

	内容	問題数
問題1	アクセント	6
問題2	プロソディ	6
問題3	分節音	8
問題4	談話	6
問題5	聴解教材（3題×2）	6
問題6	誤用分析	8

2. 求められる知識

2.1　音声・発音（問題1、2、3）

　試験Ⅱの問題は40問ですが、このうちの問題1、2、3の20問が学習者の発音に関する問題で、全体の半数を占めています。毎年、出題形式は一貫しており、アクセント型の聞き取り6問、プロソディ（イントネーションやリズムなどの韻律要素）の誤用判断6問、音の誤りに関する問い8問（うち3問は選択肢が口腔断面図）となっています。選択肢に出てくる用語はほぼ決まっており、それほど複雑な問題はありません。ですが、学習者の発音を聞いて「なんとなく不自然だな、ヘンだな」と思うだけでなく、どこがおかしいのか、何を修正すべきかを瞬時に分析する能力が求められます。そのためには、単に専門用語を理解するだけでなく、練習問題を多くこなすことで、音の特徴を素早く捉えるトレーニングが必要で

124　|

す。音声学のテキストはもちろんですが、検定試験対策教材も多く市販されていますので、活用するとよいと思います。

ただ、これができれば発音指導ができると言えるのかというと難しいところがあります。試験に出題される問題は学習者の発音した音声ですが、テスト用に十分にコントロールされており、誤りが特定しやすくなっています。実際の学習者の発音は、当然ながら複数の誤用が複合している場合も多いです。また試験で求められるのは誤用の要素の特定までで、その後の対応やフィードバックの方法などは問われません。そうした点では、現実の指導場面にはまだ遠いのですが、「ちょっとヘン」を聞き逃さず、ヘンの原因を特定し指導につなげる「教師の耳」を持っているかどうかが測られます。

2.2 談話 (問題4)

表1で「談話」と名前をつけましたが、問題4は学習者と母語話者の話し方の特徴や、その指導に関する問い6問で構成されます。平成25年度までは話し方の特徴を問う問題が中心でしたが、平成26年度以降は、指導に関する問題も出されるようになっています。検定試験の聴解は、普通の語学テストの聴解と違って、会話の内容を一生懸命聞いてもあまり意味がありません。問題の多くは話の内容ではなく、話し方や受け答えに関するものです。最初はこの形式に戸惑うかもしれませんが、実は教師は多かれ少なかれ、こういう聞き方をしているのではないでしょうか。学習者の話を聞いて楽しそうに相づちをうちながら、心の中で「形容詞の活用ができていないな」とか「助詞を混同しているな」とか「促音が短いな」とか、

そんなことを考えることもあるかもしれません。学習者にとってはちょっとイヤな話し相手かもしれませんね。しかし、このような聞き方をすることは、学習者の問題点を把握し、改善に必要な練習方法を提案するために重要です。また、学習者だけでなく母語話者の話し方も出題の対象になっています。会話に参加しつつ一歩引いて観察もするようなメタ的な聞き取り力、気づく力を測る実践的な内容と言えるでしょう。

2.3 聴解教材 (問題5)

問題5は「聴解教材」に関する問題で、三つの教材について6問出題されます。聴解練習問題の内容を理解するだけでなく、練習のねらいや設問の妥当性に関する問いに答える内容です。これも、聴解問題に対する客観的な把握力・分析力が問われる問題ですが、形式に慣れないうちは戸惑うかもしれません（私自身、はじめてこの問題を解いたときは、うっかり学習者の立場で聴解問題を聞いてしまい、選択肢がまったく違うことに慌てました）。また、スクリプトはなく音声提示も1回だけです。通常、聴解教材の検討はスクリプトを見ながらすることが多いので、これ自体はかなり現実離れした作業と言えるかもしれません。

「市販の聴解テキストがたくさんあるのに、なぜわざわざ教材分析が必要？」という疑問を持つかもしれません。確かに、日々の授業で聴解練習問題をゼロから自作することは多くないかもしれませんが、定期テストで聴解問題を作ることはあるでしょう。また授業の中で、ニュースやドラマの一部などを聴解教材として使うこともあると思います。そういう場合にも問題を批判的に見る視点は必要です。

余談になりますが、私が新米の日本語教師だったとき、初級の聴解の授業を担当したことがありました。聴解教材のCDを聞かせて問題を解かせて、答え合わせ。間違えたところは、一時停止しながら再確認するといったおそろしくつまらない授業をしていました。自分自身、何とかしたいと思いつつ、学習者がどうして聞けないのか、どうすれば聞けるようになるのかもわからず、しばらく八方塞がりの状態が続きました。当時は聴解授業が苦手でしたが、そもそも聴解に必要な技術は何かとか、聴解力とは何かといったことは、新米の頃はほとんど意識していなかったと思います。

ただ聞いているだけでは聴解力はつきません。やはりそこには段階がありますし、それをふまえた上で練習させる必要があります。練習の際、測ろうとする聴解技能なり必要な知識なりが明確であれば、誤用に対して適切なフィードバックをすることができます。もちろん、CDを再生することも一つのフィードバックですが、より学習効果の高いフィードバックを考えることができるでしょう。目的を明確にしないまま聴解問題を作ると、内容を聞き取れていなくても正解できるような問題を作ってしまったり、必要以上に凝りすぎて母語話者にとっても難解な問題になってしまうこともあります。学習者がこの聞き取り問題を解く際に必要となる能力・知識は何か、設問や選択肢は妥当か、学習者のニーズに合っているか、本当に聴解力が測れているかといった視点を持つためにも教材を分析的に見る能力は必要だろうと思います。即座に教材分析をすることが求められる難易度の高い問題ですが、これも練習問題をこなすことで問題を見る目を養うことができると思います。

2.4　誤用分析（問題6）

表1で「誤用分析」という名前をつけましたが、問題6は主に文法の誤用に関する内容です。学習者の発話音声を聞いて、そこに含まれる誤りを選択肢の中から選ぶ形式です。聴解Ⅱの中では、教師が最も頻繁に現場で遭遇するタイプの問題と言えるかもしれません。ただし、求められるのは誤用の訂正ではなく、誤りの原因の特定です。発音誤用の問題と同様に、「なんかヘンだな」を具体化する能力が必要となります。

これも発音の問題と同様に、誤りを特定しやすいようにコントロールされていますが、範囲は非常に幅広いです。ぼんやりしていると、自分の考える選択肢がなかったということもあるかもしれません。また文法だけでなく、スピーチスタイル（ですます体か、友だちことばか）、待遇表現、音韻に関する内容も出題されます。しかも、専門用語の定義を知っているだけでは答えられません。例えば「連濁」がどういう現象か知っていても、連濁を誤るとどのような現象が生じるのかがわからなければ正しい選択肢が選べません。学習者の誤用に遭遇したとき、正しい答えを与えるだけでなく、誤用を分析的に捉える姿勢が重要となります。

3. 求められる実践力

音声に関しては、当然のことながら音声学に関する基本的な知識が必要になります。「でも、発音指導するのに、あんなに複雑な音声の専門用語を全部覚えなきゃいけないの？」と思う人がいるかもしれません。確かに、学習者の発音の誤用に対して「調音法がちがいます」などとフィード

バックするのは無意味ですし、非現実的です。しかし少なくとも、音声学の知識があれば、「ナ」を「ラ」と発音してしまう学習者の発音上の問題点を特定することができます。さらに重要なことは、正しい発音を知識に基づいてわかりやすく伝えることです。例えば、鼻をつまんで発音させ音の違いを感じさせるとか、舌の動きを手で示すとか、いくつかの方法が考えられます。もちろんそんなことまでは試験Ⅱの出題範囲に含まれていませんが、音声学の知識はこうした方法を生み出すための土台として必要なものだと思います。

　試験Ⅱでは、単なる知識の有無の確認ではなく、現象から知識に遡り、さらにその知識を即時的に運用する実践力が問われます。現場経験の少ない教師や、大学生、大学院生には、知識の運用とかフィードバックというと少し難しく感じるかもしれません。ですが、近年の試験結果の概要を見ると、試験Ⅱの平均点は60％程度で（表2参照）、試験Ⅰ、Ⅲよりも得点は高い傾向があります。学習者の音声はテスト用にコントロールされているので、しっかり準備すれば、経験の長短に関わらず十分に対応可能なテストだと言えます。

　では、具体的に実践力を高めるためにはどうすればよいでしょうか。学習者に対してはもちろん、自分自身に対しても常に観察する姿勢を持つことが重要になると思います。授業はリアルタイムで進んでいくので、その場その場での判断と対応が求められます。「あの説明ではわかりにくかったかも」とか「あそこは学生に言わせるべきだったな」「もっとよい例文があったのに」など、後から気がつくこともしばしばあります。学習者の、できていること、できていないことに敏感になる

表2：試験Ⅱの結果概要

	受験者数	平均	標準偏差
H24	4,806	26.4 (66.1%)	5.5 (13.7%)
H25	4,385	25.1 (62.7%)	5.7 (14.2%)
H26	4,370	24.0 (60.0%)	5.3 (13.3%)
H27	4,738	25.4 (63.5%)	5.4 (13.5%)
H28	4,915	24.3 (60.8%)	5.7 (14.3%)

こと。そして、自分のフィードバックを客観的に眺めること。そうした日々の小さな積み重ねを大切にすることが実践力につながるのではないかと思います。

　観察する学習者はテレビに出ている外国人タレントや、インタビューに日本語で答える外国人でもよいのです。どんな間違いをしているか、していないか、レベルはどれくらいなのか、どんな学習背景を持っているだろうか、この人に一言勉強のアドバイスをするとしたら何というか。そんなことをあれこれ想像してみるのもよいかもしれません。

　試験Ⅱは、形式は毎年ほぼ同じですが、問題の種類は年々少しずつ多様化してきており、この傾向は今後も続くだろうと思います。しかし、教室で遭遇する学習者の誤用はそれ以上に多様です。指導していると、自分の関心や専門に視点が偏りやすくなりますが、さまざまな誤用に鋭く反応できる、守備範囲の広い教師を目指しつづけたいものです。

参考文献

猪塚元・猪塚恵美子（2007）『日本語教育能力検定試験
　　　音声パーフェクト対策』（アルク）.

日本国際教育支援協会（2013）「平成24年度日本語教
　　　育能力検定試験試験問題」（凡人社）.

日本国際教育支援協会（2014）「平成25年度日本語教
　　　育能力検定試験試験問題」（凡人社）.

日本国際教育支援協会（2015）「平成26年度日本語教
　　　育能力検定試験試験問題」（凡人社）.

日本国際教育支援協会（2016）「平成27年度日本語教
　　　育能力検定試験試験問題」（凡人社）

日本国際教育支援協会（2017）「平成28年度日本語教
　　　育能力検定試験試験問題」（凡人社）

松崎寛・河野俊之（2010）『日本語教育能力検定試験に
　　　合格するための音声23』（アルク）

（髙橋恵利子）
目白大学外国語学部准教授。2年ほど前から着付
けを習っています。半年くらいでやめるつもりで
いたのですが，奥が深くてなかなか抜け出せませ
ん。今年は，着物を着て寄席に行ってみたいと思っ
ています。

おわりに AFTERWORD

　いかがでしたか？ 日本語教師が日々どのような仕事をしているか、おわかりいただけましたか？ Section1 や Section2 で紹介されているように、日本語教育の現場はさまざまです。すでに日本語教育の勉強を終えて「さあ、日本語を教えよう」と思っている方や日本語教師になることを目指して現在、日本語教育の勉強を頑張っている方には、これからどのような現場で日本語教育に携わっていくか、日本語教師の声を参考にしてみてください。

　また、これから日本語教育の勉強を始めようと思っている方には、Section3 や Section4 をとおして、さまざまな勉強の場があることやそこでどのような内容を勉強するのかがおわかりいただけたと思います。大切なことはそれらを単なる知識で終わらせず、「生きた知識」にすることです。まだ見ぬ未来の学習者のことを想像しながら勉強を始めてみてください。きっと勉強がもっと楽しくなるはずです。

　「日本語を教える」という行為は同じでも、それにどのような意味づけを行うかは人によって異なります。今度は、みなさんならではの意味づけを行ってみてください。日本語教育の世界は広いようで狭いです。いつかどこかの日本語教育の現場でお会いできる日を楽しみにしています。

あとがき

　中曽根内閣によって「留学生 10 万人計画」が打ち出されたのが 1983 年。それ以来、日本への留学生の数は年々増え、21 世紀初頭には 10 万人という数値目標を達成しました。その後、「留学生 30 万人計画」（福田康夫内閣）に沿ってさらなる受け入れを目指し、目途とされた 2020 年が目前の現在、目標達成が確実視されています。さらに、今まさにホットな話題である「海外人材の受け入れ」にともない、日本語教育の充実が社会的に喫緊の課題となっています。国内だけでなく、海外においても、経済のグローバル化や日本の漫画・アニメ、ゲームなどサブカルチャーの人気などを背景に、日本語を学ぶ人が急増しています。昭和末期の頃と比べれば、「日本語教育」は一般の人にも認知されるようになりました。

　しかし、「では、日本語を教えるという仕事はどういうものなのか」となると、具体的にイメージできる人は少ないのではないでしょうか。「どうすれば日本語を教えることができるようになるのか」となったら、見当もつかないという人も多いでしょう。この本は、そのように、日本語教育に興味・関心がある方々、日本語教育に自分も携わってみたいと思っている方々のために、日本語教育の実情をお伝えし、日本語教育の世界への道案内をすることを目指して企画されました。

　読んでいただければおわかりいただけると思いますが、単に日本語教育についての情報をお届けするだけではなく、日本語を教える楽しさ・やりがいといった、実際にやったことのある人でなければ語れないような、この仕事の魅力についても発信できるように心がけました。

　この本をきっかけにして、日本語教育についての世の中の理解が少しでも深まり、一人でも多くの方々がこの世界に入ってきてくだされば、われわれにとってこんなにうれしいことはありません。

　さて、ここで、この本の出版の経緯について少し説明させていただきます。この本は、広島大学教育学部日本語教育学科（現・日本語教育系コース）創設 30 周年の記念事業の一環として企画されたものです。当学科は、前にも述べた「留学生 10 万人計画」という政府方針に沿って、日本語教員養成を目的として 1986 年 4 月に創設されました。2016 年に 30 周年を迎えるにあたり、当時記念行事ワーキンググループ座長だった中村春作教授（現・広島大学名誉教授）の発案で「一般の方々を対象にした啓蒙的な本を作ろう」という話になり、日本語教育の世界で活躍している卒業生・修了生を執筆陣とした本の出版が企画されました。幸い、出版社の賛同も得ることができ、諸般の事情により 30 周年には 3 年遅れてしまいましたが、ようやく今日、世に送り出すことができました。

　最後になりましたが、お忙しい中、執筆をお引き受けくださった方々に、改めて心から御礼申し上げます。どの方も、この道で 10 年、20 年とキャリアを積んで来られた方々だけあって、お寄せいただいた原稿は、いずれをとっても経験に裏打ちされた説得力のあることばに満ちており、また、日本語教育への情熱と愛着が伝わってくる、読み応えのある文章になっています。関係者として、大変誇らしく思います。それと同時に、力作をお寄せいただいたにもかかわらず、出版が遅くなってしまったことを心よりお詫び申し上げます。

　出版社との交渉、執筆者とのやりとりなど、実務的な仕事は、もっぱら同僚の永田良太氏の手を煩わせました。永田氏の労を多としたいと思います。そして、出版をご快諾くださった凡人社にも御礼を申し上げなければなりません。編集の過程においても、編集部の渡辺さんにさまざまなご助言をいただきました。この本が読みやすい内容になっているとしたら、それは渡辺さんのお蔭です。この場を借りて厚く御礼申し上げます。

広島大学大学院教育学研究科日本語教育学講座　元主任　白川博之

日本語教育へのいざない
―「日本語を教える」ということ―

2019 年 6 月 1 日　初版第 1 刷発行

監　　修	白川博之	
編　　集	広島大学 大学院教育学研究科 日本語教育学講座	
編　　著	永田良太	
発　　行	株式会社 凡人社	
	〒 102-0093　東京都千代田区平河町 1-3-13	
	電話 03-3263-3959	
カバーデザイン	コミュニケーションアーツ株式会社	
印 刷・製 本	倉敷印刷株式会社	

定価は表紙に表示してあります。乱丁本・落丁本はお取り換えいたします。
＊本書の一部あるいは全部について、著作者から文書による承諾を得ずに、いかなる方法においても無断で、
　転載・複写・複製することは法律で固く禁じられています。

ISBN 978-4-89358-961-3
©Graduate School of Education, Department of Teaching Japanese as a Second Language, Hiroshima University.
2019　Printed in Japan